上海市文化和旅游事业发展中心重点研究项目（2023）

U0367697

休闲研究专著系列

"上海旅游"品牌发展指数研究报告（2023）

REPORT ON "SHANGHAI TOURISM" BRAND DEVELOPMENT INDEX（2023）

"上海旅游"品牌发展指数研究项目组

楼嘉军　宋长海　马红涛　陈彦婷　　　　著

上海交通大学出版社
SHANGHAI JIAO TONG UNIVERSITY PRESS

内容提要

本书是由华东师范大学等高校与上海市文化和旅游事业发展中心共同组成的"'上海旅游'品牌发展指数"研究项目组编写。是自 2022 年公开发布以来有关"上海旅游"品牌发展水平分析的第二份研究报告。本书由两部分组成：第一部分是指数研究，包括绪论、指标体系、指数分析、结论与建议；第二部分是专题研究。本书对于打响"上海旅游"品牌，助力上海加快建成世界著名旅游城市发展步伐提供了一定的理论指导。

本书可以用作高等院校旅游、休闲、会展、文化，以及社会学等专业师生的参考教材，也适合作为旅游管理，文化产业管理和城市公共服务管理部门的参考用书。

图书在版编目(CIP)数据

"上海旅游"品牌发展指数研究报告. 2023 / "上海旅游"品牌发展指数研究项目组等著. -- 上海：上海交通大学出版社，2024.8 -- ISBN 978 - 7 - 313 - 31205 - 1

Ⅰ. F127. 51

中国国家版本馆 CIP 数据核字第 2024ZB7214 号

"上海旅游"品牌发展指数研究报告(2023)

"SHANGHAI LÜYOU" PINPAI FAZHAN ZHISHU YANJIU BAOGAO (2023)

主　　编：	"上海旅游"品牌发展指数研究项目组,楼嘉军等			
出版发行：	上海交通大学出版社	地　　址：	上海市番禺路 951 号	
邮政编码：	200030	电　　话：	021 - 64071208	
印　　制：	上海万卷印刷股份有限公司	经　　销：	全国新华书店	
开　　本：	710 mm×1000 mm　1/16	印　　张：	15	
字　　数：	185 千字			
版　　次：	2024 年 8 月第 1 版	印　　次：	2024 年 8 月第 1 次印刷	
书　　号：	ISBN 978 - 7 - 313 - 31205 - 1			
定　　价：	78.00 元			

前　言

　　旅游品牌是衡量一个城市旅游综合实力和核心竞争力的重要标志，是反映一座城市旅游市场影响力和感召度的一种软实力。在上海建设世界著名旅游城市的进程中，打响"上海旅游"品牌正在发挥着极其重要的独特作用。

　　中共中央、国务院于2021年在《关于支持浦东新区高水平改革开放打造社会主义现代化建设引领区的意见》中首次提出了"培育打响上海服务、上海制造、上海购物、上海文化、上海旅游品牌"等"五大品牌"建设的基本要求。"五大品牌"的提出，既是上海更好落实和服务国家战略、加快建设现代化经济体系的重要载体，也是推动高质量发展、创造高品质生活的重要举措，更是助力国际消费中心城市和社会主义现代化国际大都市建设的应有之义。

　　上海五大品牌各有特点。"上海服务"品牌重在提高辐射度，"上海制造"品牌重在彰显美誉度，"上海购物"品牌重在增强体验度，"上海文化"

品牌重在展现标识度①,而"上海旅游"品牌则是重在提升吸引度。作为我国重要的城市旅游目的地,上海旅游发展正处于转型升级和提质增效的关键阶段,而旅游品牌建设就是旅游高质量发展的重要标志。加强"上海旅游"品牌建设,就是要坚持"以文塑旅、以旅彰文"的理念,进一步挖掘都市文化、都市风光、都市商业资源潜力,依托"一江一河""建筑可阅读"和"海派城市考古"等海派文化的独特 IP 实现旅游产品的迭代更新,推动文商旅体展联动发展,优化旅游服务质量,提升"上海旅游"品牌吸引度,加快建设世界著名旅游城市。此外,必须深刻认识"上海旅游"与"上海制造""上海服务""上海购物"和"上海文化"之间的内在联系,以系统性思维推动"上海旅游"品牌战略的实施,借助五大品牌之间"耦合协调机制"的促进作用,着眼品牌内涵,着力品牌影响,着重打响"上海旅游"品牌攻坚战。同时,还应发挥中国国际进口博览会、上海旅游节等重大节事会展平台辐射作用,重塑都市型、综合性和国际化的上海城市旅游特质和市场形象,丰富"上海旅游"品牌内涵。

本报告旨在对 2023 年"上海旅游"品牌发展水平进行综合测度,以便准确把握"上海旅游"品牌的发展规律,分析研判"上海旅游"品牌存在的薄弱环节,以期为"上海旅游"品牌朝着更高质量发展提供理论依据和实践参考,助推上海世界著名旅游城市建设进程,同时为其他城市旅游品牌建设提供借鉴。首先,为上海旅游实施品牌发展战略提供决策依据。旅游品牌建设为上海旅游谋求高质量发展带来了新的方向和路径,同时也面临更具挑战性的任务和要求。作为城市旅游运行的政府管理部门,既要对"上海旅游"品牌的发展现状进行整体把握,又要对打响"上海旅游"品牌过程中的核心要素进行科学分析,还必须厘清旅游品牌发展的历史

---

① 贺瑛.上海建设"四大品牌"重点问题与对策[J].科学发展,2019(3):16.

逻辑与演变趋势，为"上海旅游"品牌战略制定提供理论支撑和决策依据。其次，为上海城市旅游品牌实践活动开展提供实践指导。在城市旅游品牌建设过程中，一方面存在着大量的无序竞争现象以及无效的建设活动，迫切需要运用切实有效的理论进行指导；另一方面容易忽视对品牌内涵的动态性把握，难以形成科学的品牌发展战略，无法达到品牌市场推广的最优效果。因此，通过对"上海旅游"品牌内涵的解读和评价指标体系的构建，有利于提高"上海旅游"品牌建设水平。最后，为其他城市旅游品牌建设提供借鉴。上海是我国著名的旅游目的地城市之一，其旅游品牌建设具有较强的引领和示范效应。以上海为案例，对旅游品牌发展规律和成功经验进行系统总结，形成"上海旅游"品牌发展模式，可以为其他地区和城市的旅游品牌建设提供参考。

受上海市文化和旅游事业发展中心的委托，项目组承担了"'上海旅游'品牌发展指数报告"编撰工作。根据上海市文化和旅游事业发展中心对项目编制工作提出的基本原则和具体要求，项目组提出了研究报告的基本框架与研究内容，并与上海市文化和旅游事业发展中心相关部门进行了多次沟通与反复磨合。

在确定了项目的研制大纲后，成立了由华东师范大学、上海电子信息职业技术学院、上海师范大学等上海多个高校的青年学者以及上海市文化和旅游事业发展中心部分人员联合组成的项目研究团队。本报告主要通过自我审视与横向比较两个视角对"上海旅游"品牌进行研究。所谓自我审视，是指借助于由48个主客观指标构成的评价体系，对"上海旅游"品牌要素、品牌形象、品牌口碑、品牌质量和品牌忠诚等进行综合分析。所谓横向比较，是指通过与北京、广州和深圳三个城市的多维度比较，客观剖析"上海旅游"品牌发展的市场现状与市场潜力。

本报告撰写分工如下。第一章和第二章由楼嘉军、宋长海、李平、马红涛和陈彦婷等负责完成。第三章和第四章由宋长海、楼嘉军、马红涛和陈彦婷等负责完成。第五章、第六章、第七章和第八章由李平、宋长海、江丙瑞、张媛、邢易玺、张欣宜、翁碧云等负责完成。在本报告大纲讨论、报告编制以及报告修改过程中,得到了上海市文化和旅游事业发展中心周丹艳、付坤、程燕沁的积极支持与大力协助。

本报告得以顺利完成,与项目组全体成员的辛勤工作,以及上海市文化和旅游事业发展中心相关部门的指导与协助密不可分。作为本报告编撰工作的负责人,在此谨向他们表示诚挚的敬意与真诚的感谢。

在本报告即将付梓之际,还要感谢上海交通大学出版社的张勇老师与倪华老师为本书的出版与审校工作所付出的心血。需要说明的是,由于本书有关"上海旅游"品牌指数研究工作涉及面比较广、资料来源多元化以及研制工作时间比较紧,加上我们认识的局限性,在观点阐述、数据处理、材料分析等方面难免会存在不足,敬请学者与读者批评指正。

目 录

第一部分 指数研究

第一部分

指数研究

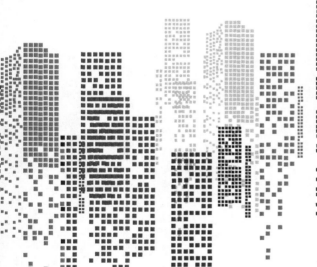

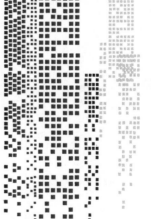

第一章 绪 论

第一节 研 究 背 景

早在 2014 年,习近平总书记在河南考察时指出,要加快构建以企业为主体、市场为导向、产学研相结合的技术创新体系,加强创新人才队伍建设,搭建创新服务平台,推动科技和经济紧密结合,努力实现优势领域、共性技术、关键技术的重大突破,推动中国制造向中国创造转变、中国速度向中国质量转变、中国产品向中国品牌转变。2023 年,中共中央、国务院印发的《质量强国建设纲要》明确,到 2025 年,品牌培育、发展、壮大的促进机制和支持制度更加健全,品牌建设水平显著提高,企业争创品牌、大众信赖品牌的社会氛围更加浓厚,品质卓越、特色鲜明的品牌领军企业持续涌现,形成一大批质量过硬、优势明显的中国品牌。品牌化建设已成为推动产品和服务提质升级的必然选择。城市旅游品牌作为展示当地文化和生活面貌的窗口,是城市旅游产品与服务质量的集中反映,是提升城市软实力的重要抓手,是城市综合竞争力的重要组成部分。城市旅游品牌在城市旅游目的地竞争中发挥着越来越重要的作用,助推城市旅游迈向更高质量发展。全力打响"上海服务""上海制造""上海购物""上海文化"和"上海旅游"五大品牌(以下简称"五大品牌"),是上海认真贯彻落实党的二十大对质量强国建设作出新的战略部署,更好地服务国家战略、加快建设现代化经济体系的重要载体,是推动高质量发展和创造高品质生活的重要举措。

一、有助于促进上海旅游业转型升级

作为综合性、带动性强的"五大幸福产业"之一,旅游业既能扩大内需市场、拉动经济增长,又能促进消费升级。国家统计局发布的数据显示,2023年全年国内出游48.9亿人次,比上年增长93.3%。国内游客出游总花费49 133亿元,增长140.3%。入境游客8 203万人次,其中外国人1 378万人次,香港、澳门和台湾同胞6 824万人次。入境游客总花费530亿美元。上海市统计局发布的数据显示,上海文旅消费市场在全国率先呈现出加速复苏的良好态势,全年接待国内旅游者32 642.76万人次,增长73.5%;接待来沪入境旅游者364.46万人次,比上年增长4.8倍。在入境旅游者中,入境过夜旅游者329.53万人次,增长4.3倍。全年入境旅游外汇收入61.87亿美元,增长2.6倍;国内旅游收入3 678.11亿元,增长76.8%。超过2023年年初预期,有力赋能了经济增长。可见,文旅消费已成为带动经济复苏的重要支柱产业。但是,与日益增长的多元化文旅市场需求相比,上海旅游业仍存在"不平衡、不充分、不匹配"的问题,即有效供给对文旅消费的适配性还不够高,以文塑旅、以旅彰文的文化性还不够强,融合背景下的文旅融合度还不够深。通过"上海旅游"品牌建设,激活都市型旅游消费,把更多都市资源转化为城市消费流量,以更多爆款旅游产品吸引游客前来打卡消费,打响"上海旅游"品牌,推动旅游业"不平衡、不充分、不匹配"问题的解决,助力上海旅游业转型升级和提质增效。

二、有助于提升游客满意度和忠诚度

品牌是高质量发展的重要象征,加强品牌建设是促进高质量发展并进而满足人民美好生活需要的重要途径。如何让游客满意是旅游业实现可持续发展目标的关键所在,也是旅游业发展的第一标准和根本追求。游客满意度是游客期望和实际感知相比较后的感觉状态,受多重因素的影响,可大到旅游目的地整体带来的体验,也可小到当地居民的一个表情折射出的城市友好度。城市旅游目的地品牌个性是保持持久差异化和竞争力的源泉,是刺激游客个性联想和积极态度形成的关键要素。通过打响"上海旅游"品牌系列行动,明确"上海旅游"的品牌定位,在游客心目中建立符合上海形象的品牌个性,给来沪游客带来令人难忘的独特体验,提高游客满意度和获得感,形成源源不断的忠诚游客群体,保持上海旅游目的地竞争的市场战略优势。

三、有助于丰富上海品牌建设矩阵

2017年12月,上海首次提出打响上海"四大品牌"构想,并分别于2018年4月和2021年制定发布第一轮(2018—2020年)四个三年行动计划和《全力打响"上海服务""上海制造""上海购物""上海文化"四大品牌三年行动计划(2021—2023年)》,取得了显著成效,勾勒出上海品牌建设矩阵。在上海举办的2023年中国品牌日活动上,上海提出要以更大力度培树品牌,聚焦上海"五个中心"建设重点领域,大力开展品牌创建行动,完善品牌发展的促进机制和支持制度,抓住智能化、绿色化、融合化机遇,突破关键核心技术,让更多自主创新品牌脱颖而出。打响"上海旅游"品牌既是上海旅游业自身转型升级的需要,也是顺应时代和国家对上海的战略要求,有助于丰富上海品牌建设矩阵。作为五大品牌的重要组成部分,"上海旅游"是上海核心竞争力和世界影响力的体现,是上海建成现代化经济体系并实现转型升级和高质量发展的重要标志,是上海打造社会主义现代化国际大都市的重要组成部分和有效实现途径。

四、有助于提升城市软实力

软实力已成为当今国家和城市竞争的关键因素。2021年6月,上海在全国率先提出将"软实力"应用于国际大都市的发展和治理。面对百年未有之大变局,如何进一步提升上海城市的软实力,以推动上海建设"全球卓越城市",成为当前及未来一个时期的重要议题。旅游品牌是展示当地文化、生活面貌的名片,"上海旅游"品牌是提升上海城市软实力的有力抓手。通过都市文化、都市商业和都市风光等旅游资源呈现,以上海旅游节、上海迪士尼、"建筑可阅读"和"海派考古"等为载体,持续提升"上海旅游"品牌的标识度,强化品牌影响力;在入境旅游方面,引导入境旅游企业和海内外OTA(Online Travel Agent)平台合作,打造"进上海、看中国"和"经上海、看亚洲"等一程多站式产品系列,升级机场、车站等重要旅游咨询中心的服务形式,多部门联动提升国际口岸城市的窗口形象,提升游客通过互联网、移动端自主选择产品和定制旅游的服务水平,多措并举推动入境旅游服务提升,传递城市温度,协同促进城市软实力提升。

第二节 研究目的和研究思路

一、研究目的

旅游目的地品牌和旅游城市品牌竞争力的相关研究,多基于应用范畴的可行性和全面性,以及数据的可获取性进行开展,整体上导致评价指标体系和评价模型的针对性不强。在广泛借鉴现有研究成果的基础上,本报告的模型主要基于Boo(2009)的品牌资产理论和庄国栋(2018)的国际旅游城市品牌竞争力评价体系,并结合上海作为世界著名旅游城市、都市型旅游目的地的自身特点,构建了包含品牌形象、品牌质量、品牌竞争力、品牌传播和品牌忠诚 5 个一级指标,媒体传播度、关注度、口碑、品牌要素、城市形象、旅游形象、旅游要素质量、基础设施质量、旅游服务质量、品牌活力、品牌吸引力、品牌潜力、满意度和忠诚度等 14 个二级指标,以及百度人气指数等 48 个三级指标的评价指标体系和测度模型,采用年鉴和统计公报为代表的客观数据、游客问卷调查作为主观数据,对 2023 年"上海旅游"品牌发展水平进行综合测度,以便厘清"上海旅游"品牌的发展规律,分析研判"上海旅游"品牌存在的薄弱环节,以期为"上海旅游"品牌朝着更高质量发展提供理论依据和实践参考,助推上海世界著名旅游城市建设进程,同时为其他城市旅游品牌建设提供借鉴。

二、研究意义

(一)理论意义

国内外学者对城市旅游品牌和旅游竞争力进行了系统性的研究,但对单个城市旅游品牌评价和测度的关注还比较薄弱,尤其对单个城市旅游品牌的发展机理、质量测度等进行深入探讨的几乎处于空白。本报告结合上海旅游发展的实际,基于文献梳理和专家访谈,在厘清旅游品牌内涵和各要素之间关系的基础上,构建了"上海旅游"品牌评价指标体系,从品牌形象、品牌质量、品牌竞争力、品牌传播和品牌忠诚等维度对 2023 年"上海旅游"品牌发展情况进行综合评价,深化了城市旅游品牌研究理论,完善了城市旅游品牌的研究框架。

第一,鉴于已有旅游品牌的研究多从品牌资产理论出发,强调品牌形象和品牌价值的重要性,本报告并不回避品牌形象和品牌价值的重要作用,但是认为旅游品牌是个更加系统、多元的存在,还应考虑品牌传播、品牌竞争力和品牌忠诚等维度。因此,根据文献回顾和专家访谈等多轮研究,本研究构建了"上海旅游"品牌多维度模型,有利于更加全面地认识旅游品牌的内涵及构成。第二,从竞争力角度,学者们在目的地旅游品牌研究方面虽然取得了一定的成果,但多为实证研究,理论贡献相对欠缺。由于城市旅游品牌的系统性,十分有必要将一个城市或目的地的旅游作为一个整体进行探讨。第三,学者们当前对目的地品牌评价或从供给视角出发,利用目的地的旅游收入、旅游资源等进行客观评价;或从需求视角切入,采用问卷调查方法从游客感知视角对旅游品牌进行满意度评价。本报告构建的"上海旅游"品牌指标体系既包括公开的年鉴、统计公报等客观指标,又包括一手的问卷调查数据,能够更加准确、科学地反映"上海旅游"品牌现状,对现有目的地旅游品牌研究起到进一步深化和拓展作用。

（二）实践意义

首先,为上海旅游实施品牌发展战略提供决策依据。旅游品牌建设为上海旅游谋求高质量发展带来了新的方向和路径,同时也面临更具挑战性的任务和要求。作为城市旅游运行的政府管理部门,需要对上海旅游品牌现状进行整体把握,特别是对旅游品牌打响过程中的核心要素和发展逻辑,需要以科学理论分析作为决策的依据。本报告通过大量权威的官方数据和一手的游客调研数据,全面反映了"上海旅游"品牌的发展现状,厘清了旅游品牌的发展逻辑,为制定"上海旅游"品牌战略提供了理论支撑和决策依据。其次,为开展城市旅游品牌实践活动提供了实践指导。城市旅游品牌建设过程中,一方面出现了大量的无序竞争和无效活动,迫切需要切实有效的理论指导;另一方面是对品牌内涵的动态丰富,简单地对城市旅游进行宣传推广,难以形成科学的发展战略,导致重复建设和无效活动等一系列现实问题的发生。通过对"上海旅游"品牌内涵的解读和评价指标体系的构建,有利于提高"上海旅游"品牌建设水平。最后,为其他城市旅游品牌建设提供借鉴。上海是我国著名的旅游目的地城市之一,其旅游品牌建设具有较强的引领和示范效应。以上海为案例,对旅游品牌发展规律和成功经验进行系统总结,形成"上海旅游"品牌发展模式,可以为其他地区和城市的旅游品牌建设提供参考。

三、研究思路

本报告遵循问题导向型研究路径,围绕设定好的研究目标,以经典的目的地理论和品牌理论范式为依据,通过提出问题、构建评价模型、综合测度和解决问题等步骤有序开展,并给出了每个模块的具体研究内容和操作方法。本报告的技术路线如图1-1所示。

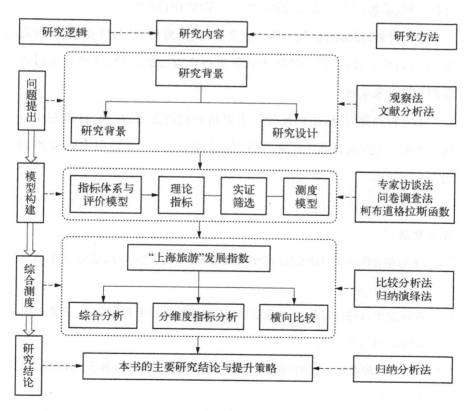

图1-1 "上海旅游"品牌发展指数研究思路图

首先,本报告基于市场营销和旅游学等经典理论,通过梳理目的地品牌研究进展,对"上海旅游"品牌发展现状进行系统分析,构建了"提出问题—构建模型—综合测度—解决问题"的分析框架。同时,基于与北京、广州和深圳等国内重要的旅游城市的比较,归纳和提炼"上海旅游"品牌的优势和不足。在此基础上,提出提升"上海旅游"品牌的建议与对策。

其次,本报告在对"上海旅游"品牌评价时,基于多个视角切入,综合测度品牌发展指数,并从问卷调查、年鉴和第三方平台等多个渠道获得相关指标数据,力求评价的全面性、客观性和准确性。值得强调的是,在进行数据处理时,根据不同类型数据的特点选择合适的处理思路,具体遵循自我审视(游客调查)、横向比较(北上广深)的评价思路。

第一种处理思路,自我审视。主要指对"上海旅游"品牌要素、品牌形象、品牌口碑、品牌质量和品牌忠诚等进行全方位的评价,主要是通过游客调查问卷来实现。

第二种处理思路,横向比较。主要指通过与北京、广州、深圳三个一线城市的对比,来评价"上海旅游"的品牌活力、品牌吸引力和品牌潜力等。

参考文献:

[1] 白凯,胡宪洋.旅游目的地品牌个性:理论来源与关系辨识[J].旅游学刊,2013,28(4):35-47.

[2] 高静.旅游目的地形象、定位及品牌化:概念辨析与关系模型[J].旅游学刊,2009,24(2):25-29.

[3] 王慧敏.上海发展文化创意旅游的思路与对策研究[J].上海经济研究,2015(11):113-120.

[4] 曲颖,李天元.基于旅游目的地品牌管理过程的定位主题口号评价——以我国优

秀旅游城市为例[J].旅游学刊,2008(1)：30－35.

[5] 张凌云.景区门票价格与门票经济问题的反思[J].旅游学刊,2019,34(7)：17－24.

[6] 庄国栋.国际旅游城市品牌竞争力研究[D].北京：北京交通大学,2018.

[7] BOO S, BUSSER J, BALOGLU S. A model of customer-based brand equity and its application to multiple destinations[J]. Tourism Management, 2009, 30：219－231.

第二章 "上海旅游"品牌发展
指数指标体系

第一节 理论依据和相关概念

一、理论依据

(一)城市旅游品牌

品牌是一种能对产品本身带来溢价、增值的无形资产。城市品牌是指城市在对外及对内推广自身形象的过程中,让被感知者形成的一种感知和认同。旅游品牌是指凭借一定的时空范围条件,旅游经营者在自身差异性的产品与服务的组合基础上确立其独特的形象名称、标记或符号,或如景观、美食、民族等独具特色而形成的品牌,体现了旅游产品独特的个性及旅游消费者对其的认可度和好感。构成旅游品牌的因素较多,主要反映在相互作用的内外因素两个方面,外部因素涵盖了城市标识、标志、符号、城市风情特色建筑、城市旅游设施及资源等;内部因素包含了文化、旅游服务质量等方面。通过内外因素的相互影响和不断提炼,一个城市旅游品牌才能最终形成。

20 世纪末,David Aaker 提出了品牌资产(Brand Equity)这一概念,即以品牌相关元素形式呈现出来的价值,如同一般的有形资产一样,它对企业能产生重大的价值,但也能为公司带来负面影响,也就是品牌资产负债。同时他提出了"品牌资产五星模型",即品牌忠诚度、品牌认知度、品牌知名度、品牌联想和其他品牌资产五个方面,更加系统地总结了品牌的价值。城市旅游品牌包括功能感知和情感体验两个方面,构成要素有基础设施、人文环境、自然环境、社会环境四个部分。旅游资源是旅游品牌的载体,城市旅游品牌的载体就是城市中的多种景观。狭义旅游的角度来说,是旅游产品、旅游资源、旅游基础设施及旅游配套支撑要素。从城市旅游品牌的构成要素可以看出,城市旅游具有个性化、层次性、多样性和文化性。

（二）城市旅游目的地品牌

当今旅游产品同质化严重,可替代性日益增强,旅游目的地竞争的日益激烈,品牌化成为当地目的地营销者的利器。目的地品牌是指一个符号、图案、文字、标志等要素的组合,能够使游客识别和区分目的地,包含旅游产品的集中体现、旅游目的地的定位、文化内涵与目的地形象的管理,并产生"区别于他人并具有独一无二的吸引力"（邹统钎,2021）。旅游目的地品牌由一系列品牌要素组成,使其与竞争对象产生差异,进而获得竞争优势。美国市场营销学会对于旅游目的地品牌进行了定义,即一个旅游目的地在推广和营销自身的旅游目的地形象过程中,基于旅游目的地的发展战略定位,而传递给社会公众的核心理念,并得到社会的认可。通过旅游目的地品牌建设,能够达到以下目的:一是降低消费者的搜寻成本和感知风险;二是支持创造旨在识别并使目的地差异化的名称、标识、符号、文字或图形标志等;三是一致地传达对于旅游目的地独特相连的、值得记忆的旅游体验的期望;四是巩固和强化旅游者与旅游地之间的情感联系。

旅游目的地品牌要素构成主要有两部分:功能性要素和品牌象征

性要素。品牌的功能性要素主要是指旅游设施及其相关的配套设施。目的地品牌的象征性要素包括消费与旅游目的地品牌忠诚度,品牌赋有能带给游客独特体验的保证和承诺,选择一个旅游目的地,相当于选择相信能给游客自身带来独特的体验。目的地品牌的建设与发展不仅与当地城市的硬件设施有关,还与城市的软件有关,比如城市的旅游环境、城市旅游服务人员的专业素质、城市居民的友好态度等。其中城市居民的支持态度、居民对游客的接受水平直接影响对城市旅游的支持水平。

(三)"上海旅游"品牌

2021 年 7 月,中共中央、国务院《关于支持浦东新区高水平改革开放打造社会主义现代化建设引领区的意见》指出:加快建设上海国际消费中心城市,培育打响上海服务、上海制造、上海购物、上海文化、上海旅游品牌,以高质量供给适应、引领、创造新需求,这是中央首次明确提出打响"上海旅游"品牌。这既是对上海建设世界著名旅游城市和国际消费中心城市阶段性成果的肯定,又对今后的工作提出了新的要求,并寄予厚望,拉开了上海打响"五大品牌"的序幕。2022 年 1 月,上海市第十五届人民代表大会第六次会议上,"打响上海旅游品牌"首次写入上海市政府工作报告,恰逢其时,也体现这座城市的前瞻谋划,"上海旅游"品牌建设步入了新阶段。

上海五大品牌各有特点。"上海服务"品牌重在提高辐射度、"上海制造"品牌重在彰显美誉度、"上海购物"品牌重在增强体验度、"上海文化"品牌重在展现标识度,而"上海旅游"品牌重在提升吸引度。

作为我国重要的旅游目的地之一,当前上海旅游业正处于转型升级和提质增效的关键阶段,面临着有形资源等"天花板"制约,而品牌则是可以无限升值的无形资产,是高质量发展的标识。"上海旅游"品牌建设就是要坚持"以文塑旅、以旅彰文"的理念,进一步挖掘都市文化、都市风光、都市商业资源潜力,依托"一江一河""建筑可阅读"和"海派城市考古"等海派文化的独特 IP 实现旅游产品的迭代更新,推动文商旅体展融合发展,优化旅游服务质量,提升"上海旅游"品牌吸引度,加快建设世界著名旅游城市。此外,必须认识到"上海旅游"与"上海服务""上海制造""上海购物""上海文化"之间的内在联系,以系统工程的思维推动品牌战略的实施,特别注重加强顶层设计整体规划,探寻五大品牌之间的"协同机制",追求"合力围攻",着眼品牌内涵,着力品牌影响,打响"上海旅游"品牌攻坚战。还应加强跨周期重大战略旅游投资,发挥中国国际进口博览会、上海旅游节等重大节事会展平台辐射作用,突显都市型、综合性和国际化的上海旅游特质。

发展现状客观评价是明确"上海旅游"品牌发展优势和找出存在短板的关键,是进一步提出优化策略和提升路径的基础。基于此,本报告通过构建"上海旅游"品牌评价指标体系和测度模型,分析"上海旅游"品牌发展指数和具体指标的水平,找出存在的重点问题,并提出具体的对策建议。

二、相关概念

在城市旅游品牌概念体系中通常有旅游品牌、旅游目的地品牌、品牌形象等相关概念。美国营销协会将品牌定义为一种名称、术语、标记、符号或设计,或者是这些要素的集合,其目的是借以辨认产品或服务,并使之与竞争对手的产品、服务区别开来①。在旅游目的地的品牌理论研究方面,Buhalis 对其的定义就是在某一旅游资源较为丰富的地理空间中,有

---

① 　菲利普·科特勒,凯文·莱恩·凯勒,卢泰宏.营销管理[M].北京:中国人民大学出版社,2009:228.

意识、有组织地对各个相关要素和制度机制进行协调整合,使之向设定好的旅游目的地意图传达的品牌形象和内涵发展,并通过各种相应的方式让旅游者感受到其价值,从而达到旅游目的地输出价值形象统一化、品牌化的目的。在研究旅游目的地品牌的同时,也出现了以城市旅游品牌作为特殊的旅游目的地品牌展开的研究。城市旅游品牌是公众在旅游体验过程中形成的关于城市旅游功能、城市情感、城市自我表现性等识别要素的一系列独特联想(马聪玲等,2008)。是在城市旅游资源的基础上,展现城市旅游的良好风貌,在旅游者心中形成良好的意识,从而形成城市的整体意识。国外学者对目的地品牌构成中的品牌意识(brand awareness)、品牌现状(presented brand)、品牌意义(brand meaning)、品牌资产(brand equity)的范围也做出界定。

从品牌到旅游目的地品牌,再到城市旅游品牌,都突出了品牌的独特性,区别于竞争对手。而目的地品牌概念直接指出了目的地品牌的内容,包括名称、标志或其他图形。在表现上是有形的,在功能上是巩固加强愉快回忆以及在目的地的体验。城市旅游品牌概念没有明确指出城市旅游品牌的内容,只强调在城市旅游的基础上,在公众头脑中生成的一种独特联想,即城市旅游品牌是一种独特联想。由于没有统一的概念,更没有统一的构成要素,所以城市旅游品牌的构成要素也成了研究的重点。城市旅游品牌包括功能感知和情感体验两个方面,构成要素有基础设施、人文环境、自然环境、社会环境四个部分。旅游资源是旅游品牌的载体,城市旅游品牌的载体就是城市中的多种景观。从狭义旅游的角度来说,是旅游产品、旅游资源、旅游基础设施及旅游配套支撑要素。从城市旅游品牌的构成要素可以看出,城市旅游具有个性化、层次性、多样性和文化性等特征。

第二节 指标体系与评价方法

一、指标体系

（一）指标选取原则

为了客观、全面、科学地评价"上海旅游"品牌发展情况，依据已有研究基础，选取评价指标主要遵循以下 4 个原则。

（1）科学性原则。指标选取首先遵循"上海旅游"品牌的科学发展规律。一方面，指标不宜过多或过细，以免出现计算烦琐、信息重叠；另一方面，也不宜过少过简，以免造成信息遗漏、结果不准确；同时，从品牌的独特性视角，选取一定量的特色化指标，以体现品牌的差异性。秉承科学的态度和原则选取相关指标，有利于客观、准确、全面地反映"上海旅游"品牌的发展情况。

（2）系统性原则。即"上海旅游"品牌指标体系的各指标之间应遵循一定的逻辑关系，一级指标之间存在一定的联系；一级指标能包含其下二级指标的所有信息，且该一级指标下面的二级指标组成的系统能全面地反映该一级指标要表达的信息，二级指标和三级指标的关系亦是如此。

（3）可操作性原则。指标体系的构建要充分考虑现实情况，不能过于理论化或理想化，避免找不到相应数据。要结合实用性和可操作性的原则，选择一些代表性强、能获取权威统计机构数据，以及主观数据。

（4）全面性原则。指标体系的数据渠道应该多种多样，避免单一渠道数据评价带来的信息不准，既要包括权威年鉴、统计公报数据，又要有第三方平台数据，还要增加大规模主观调研数据。

（二）指标选取思路

本报告在对"上海旅游"品牌评价时,基于多个视角切入综合测度品牌发展指数,并从问卷调查、年鉴和第三方平台等多个渠道获得相关指标数据,力求评价的全面性、客观性和准确性。因此,在进行数据处理时,根据不同类型数据的特点选择合适的处理思路,主要遵循自我审视(游客调查)、放眼国内(北上广深)和对标国际(纽约)的评价思路。

第一种处理思路,自我审视。自我审视是指对"上海旅游"品牌要素、品牌形象、品牌口碑、品牌质量和品牌忠诚等进行全方位的评价,主要是通过游客调查问卷来实现。

第二种处理思路,放眼国内。放眼国内是指通过与北京、广州、深圳三个一线城市的对比,来评价"上海旅游"的品牌活力、品牌吸引力和品牌潜力等。

第三种处理思路,对标国际。对标国际是指对照国际最高标准,通过与纽约这一世界著名旅游城市品牌进行对比,评价"上海旅游"品牌所处的水平。

通过三个方面测度和对比,形成"上海旅游"品牌发展综合指数,提高评价结果的科学性和可信度。

（三）指标体系构建与优化

旅游品牌是公众在旅游体验过程中形成的关于城市旅游功能、城市情感、城市自我表现性等识别要素的一系列独特联想(马聪玲,2008)。结合"上海旅游"品牌的内涵与特征,本报告认为"上海旅游"品牌发展水平是品牌要素、市场营销、品牌质量和品牌忠诚等要素的综合呈现。

在进行"上海旅游"品牌评价指标体系构建时,本报告遵循"理论指标收集—实证筛选—测度模型确定"的逻辑。首先,通过梳理品牌资产(Boo,2009;夏媛媛,2017)、品牌竞争力(周玫,2005;Shtovba,2006)、旅游城市品牌竞争力(庄国栋,2018)、目的地品牌资产(Kim,2009;苑炳慧,2015)等相关文献,梳理出相关指标和题项96个。然后,邀请旅游管理、市场营销、旅游目的地管理等方面的学者、智库专家和企业管理者等对指标进行评价,筛选剔除重复、相关性不大的指标。最后,结合2022年评价结果反映出的一些细节问题及相关领域专家的建议,对原有评价指标体系进行适当调整和完善,将品牌传播、品牌形象、品牌质量、品牌竞争力、品牌忠诚等五个方面14个二级指标45个三级指标调整为品牌形象、品牌质量、品牌竞争力、品牌传播和品牌忠诚等五个方面14个二级指标48个三级指标。见表2-1。

表2-1 "上海旅游"品牌评价指标体系

一级指标	二级指标	三 级 指 标	单位	变量	属性
品牌形象	品牌要素	品牌Logo	/	X_1	正向
		品牌口号	/	X_2	正向
		城市宣传片	/	X_3	正向
	城市形象	市容环境		X_4	正向
		人文环境		X_5	正向
		居民友善度		X_6	正向
	旅游形象	品牌形象认同		X_7	正向
		品牌联想		X_8	正向
		品牌共鸣		X_9	正向
品牌质量	旅游要素质量	景区质量		X_{10}	正向
		宾馆质量		X_{11}	正向
		休闲娱乐设施质量		X_{12}	正向

续　表

一级 指标	二级 指标	三　级　指　标	单位	变量	属性
品牌 质量	基础设施 质量	配套设施质量		X_{13}	正向
		标识系统质量		X_{14}	正向
	旅游服务 质量	服务技能		X_{15}	正向
		服务态度		X_{16}	正向
		服务特色		X_{17}	正向
品牌 竞争 力	品牌活力	旅游收入	亿元	X_{18}	正向
		旅游人次	万人次	X_{19}	正向
		客房平均出租率	％	X_{20}	正向
		客房平均价格	元/间· 晚	X_{21}	正向
		旅游收入占地区生产总值比重	％	X_{22}	正向
	品牌 吸引力	5A级景区数量	个	X_{23}	正向
		国家级旅游度假区数量	个	X_{24}	正向
		国家重点文物保护单位数量	个	X_{25}	正向
		剧场和影剧院数量	个	X_{26}	正向
		五星级购物中心数量	个	X_{27}	正向
		空气质量优良天数	天	X_{28}	正向
	品牌潜力	旅游人次增长率	％	X_{29}	正向
		旅游收入增长率	％	X_{30}	正向
		铁路客运量	万人次	X_{31}	正向
		机场旅客吞吐量	万人次	X_{32}	正向
		国际航班通达数	个	X_{33}	正向

续 表

一级指标	二级指标	三 级 指 标	单位	变量	属性
品牌传播	传播度	百度人气指数	1	X_{34}	正向
		谷歌搜索量	万次	X_{35}	正向
		正面新闻报道数	次	X_{36}	正向
		负面新闻报道数	次	X_{37}	负向
	关注度	社交媒体粉丝数	万个	X_{38}	正向
		博文点赞数	万个	X_{39}	正向
		博文转发量	次	X_{40}	正向
	品牌口碑	正面口碑		X_{41}	正向
		负面口碑	件	X_{42}	负向
		城市声誉	排名	X_{43}	正向
品牌忠诚	满意度	持续关注度		X_{44}	正向
		认同度		X_{45}	正向
	忠诚度	重游		X_{46}	正向
		推荐他人		X_{47}	正向
		溢价游玩		X_{48}	正向

就指标体系优化来看,具体包括以下四个方面。

第一,对一级指标顺序的调整,从品牌形象到品牌质量,再到品牌竞争力、品牌传播以及品牌忠诚,更加符合"上海旅游"品牌打造的内在逻辑顺序。

第二,对三级指标数量的调整,由原来的 45 个增加到现在的 48 个。相对不同的二级指标,三级指标个数有增有减,总体适当。

第三,对具体衡量指标的优化,增加了国家级旅游度假区数量、国家重点文物保护单位数量、剧场和影剧院数量、五星级购物中心数量等 4 个指标,删除了 CPI 指标,调整了 2 个指标,媒体传播度调整为传播度,服务技巧调整为服务技能。

第四,对统计口径变化的说明,在关注度的三级指标数据采集中,在原来微博和抖音基础上,新增微信公众号数据,涵盖范围更为全面,使评价结果更趋客观科学。

就五个方面指标的内涵及涵盖的三级指标而言,具体反映了如下要素。

第一,品牌形象。主要反映"上海旅游"品牌的要素形象、城市形象和旅游形象等,这是游客对"上海旅游"品牌要素、形象的评价。包括品牌口号、品牌 Logo、城市宣传片、市容环境、人文环境、居民友善度、品牌形象认同、品牌联想和品牌共鸣等 9 个指标。

第二,品牌质量。主要反映"上海旅游"品牌的旅游要素、基础设施和服务等发展状况,这是游客对"上海旅游"品牌质量的全面评价。包括景区质量、宾馆质量、休闲娱乐设施质量、配套设施质量、标识系统质量、服务技能、服务态度和服务特色等 8 个指标。

第三,品牌竞争力。主要反映"上海旅游"品牌的活力、吸引力和发展潜力,这是"上海旅游"品牌综合实力的客观呈现。包括旅游收入、旅游人次、客房平均出租率、客房平均价格、旅游收入占地区生产总值比重、5A 级景区数量、国家级旅游度假区数量、国家重点文物保护单位数量、剧场和影剧院数量、五星级购物中心[1]数量、空气质量优良天数、旅游人次增长

---

① 2019 年,中国房地产业协会商业和旅游地产专业委员会从设计规划、硬件设施、运营管理、消费体验四个维度,首次评定了国内五星级购物中心。同一年按照四个批次共确定了 15 个城市 33 个五星级购物中心。

率、旅游收入增长率、铁路客运量、机场旅客吞吐量、国际航班通达数等 16个指标。

第四，品牌传播。主要反映"上海旅游"品牌的传播范围和效果，这是"上海旅游"品牌发展质量的直接体现。包括百度人气指数、谷歌搜索量、正面新闻报道数、负面新闻报道数、社交媒体粉丝数（微博＋抖音＋微信公众号）、推文点赞数（微博＋抖音＋微信公众号）、博文转载量（微博）、正面口碑、负面口碑和城市声誉等 10 个指标。

第五，品牌忠诚。主要反映游客对"上海旅游"品牌的满意度和忠诚度，是游客对"上海旅游"品牌的行为和态度忠诚。包括持续关注度、认同度、重游、推荐他人和溢价游玩等 5 个指标。

二、评价方法

（一）数据获取

本报告以"上海旅游"品牌为评价对象，通过构建的综合评价模型，对其发展状况做评判。研究数据既有游客主观调研数据，又有年鉴、统计公报等权威客观数据。此外，还包括网络数据和第三方平台数据等。具体来源渠道和获取方法如下。

1. 问卷调查

项目组借鉴徐尤龙（2015）的目的地口号和 Logo 评价问卷测度量表，Boo 等（2009）和夏媛媛（2017）的目的地品牌资产评价量表，设计了"上海旅游"品牌游客感知调查问卷。主要调查内容包括品牌口号、Logo 和城市宣传片等品牌要素，市容环境、人文环境和居民友善度等城市形象，品牌认同、品牌联想和品牌共鸣等旅游形象，配套设施和标识系统等基础设施质量，服务特色、技能和态度等服务质量，以及游客的关注度、满意度、重游和重购等忠诚行为和态度等，共计 23 个指标。

　　本次调研对象是到访过上海、北京、广州和深圳的外地游客。其中对访问过上海的游客共发放问卷 1 065 份,回收有效问卷 1 053 份。问卷发放区域分为两部分,一部分是长三角地区的苏浙皖三省,约占问卷总数的60%;另一部分是国内其他省市,约占问卷总数的 40%。具体构成如下:长三角地区合计 629 份,其中江苏省 212 份、浙江省 211 份和安徽省 206份。国内其他省市 424 份。对访问过北京的游客共发放问卷 398 份,回收有效问卷 358 份,其中河北省 101 份,国内其他省市 257 份。对访问过广州的游客共发放问卷 411 份,回收有效问卷 369 份,其中广东省 161 份,国内其他省市 208 份。对访问过深圳的游客共发放问卷 435 份,回收有效问卷 372 份,其中广东省 167 份,国内其他省市 205 份。

　　问卷在区域构成上的发放比例大致与上海、北京、广州和深圳国内客源市场的总体结构特征相符合,因此能够在一定程度上从区域空间的角度较好地反映游客对 4 个城市旅游品牌的真实评价。同时对性别结构和学生身份的样本进行了一定控制,以确保研究结论更趋科学。

2. 年鉴和公报数据

　　年鉴、统计公报是最为权威的客观数据来源之一。在构建"上海旅游"品牌评价指标体系时,选取了体现"上海旅游"品牌活力、吸引力和潜力的代表性指标。主要包括旅游收入、旅游人次、客房平均出租率、客房平均价格、旅游收入占地区生产总值比重、5A 级景区数量、国家级旅游度假区数量、国家重点文物保护单位数量、剧场和影剧院数量、五星级购物中心数量、空气质量优良天数、旅游人次增长率、旅游收入增长率、铁路客运量、机场旅客吞吐量、国际航班通达数等 16 个指标。上述数据主要来源于《中国文化和旅游统计年鉴》《上海统计年鉴》《上海市文化和旅游统计年鉴》等。由于在设置这些指标的过程中,考虑到可以在一定范围内与国内北京、广州和深圳等重要的旅游城市进行比较,所以部分数据的采集来自《北京统计年鉴》《广州统计年鉴》《深圳统计年鉴》及上海、北京、广州、深圳统计公报。此外,还有部分指标为了对标国际一流的旅游城市,如纽约,所以部分数据取自于美国统计局网站(https：//www.census.gov/)、纽约州机场网站(https：//airportix.com/usa/new-york-airports/)等,以及其他公开出版的刊物或发布的统计资料。

3. 第三方平台数据

百度、谷歌、微博、抖音和微信公众号等第三方平台相关数据是反映"上海旅游"品牌传播范围和影响力的重要渠道。本报告主要采用了上海、北京、广州、深圳等城市的百度人气指数,微博和抖音等平台"乐游上海""文旅北京""广州市文化广电旅游局""i 游深圳"等政府旅游推广账号的粉丝数、原创发文(视频)数、点赞数、转发次数等数据,谷歌上"Shanghai＋travel""Beijing＋travel""Peking＋travel""Guangzhou＋travel"和"Shenzhen＋travel"等搜索量,Wise Search 上"上海＋旅游""北京＋旅游""广州＋旅游"和"深圳＋旅游"正面新闻报道数和负面新闻报道数等。其他还包括近五年上海 12345 平台旅游投诉数据以及北京、广州和深圳的相关旅游投诉数据、GaWC 全球城市分级排名、全球金融中心指数、国际航运中心发展指数和世界城市 500 强排名等,共计 9 个指标。

(二)标准化处理

本报告所有客观指标口径概念均与国家统计局制定的城市基本情况统计制度保持一致,以保证评价结果的客观公正性;主观问卷调查数据采用李克特五级量表。按照评价指导思想与评价原则要求,所有指标分为两类:一是正向指标,即指标数据越大,评价结果越好;二是逆向指标,即这类指标的数值与评价结果成反向影响关系,指标数值越大,评价结果就越差。负向指标主要包括负面新闻报道数和负面口碑(12345 投诉量)等。然后分别对"自我审视""放眼国内"和"对标国际"类指标进行标准化处理。

(1) 第一类指标的标准化处理方法。

① 问卷调查数据根据李克特五级量表结果,采用该指标所有调查对象的平均得分作为评价结果,见式(2-1)。

$$\bar{X} = \frac{x_1 + x_2 + x_3 + \cdots + x_n}{n} \tag{2-1}$$

其中 n 为有效样本总数。然后计算出 4 个城市 23 个问卷调查类指标的均值 $\bar{X}$、X_{min} 和 X_{max},并作为其他类型指标标准化的参考值。

② 负面口碑(如电话 12345 投诉量)指标,通过获取上海近五年(2018 年至 2022 年)每年的电话投诉量,分别记为 x'_{2018}、x'_{2019}、x'_{2020}、x'_{2021} 和 x'_{2022}。五年中投诉量最大值、最小值分别记为 x'_{max} 和 x'_{min}。参考问卷调查结果,投诉量的最大值和最小值分别赋值为 X_{max} 和 X_{min},上海第i年度负面口碑标准化值见式(2-2),其中i=2018,2019,2020,2021,2022。

$$X = X_{min} + \frac{X_{max} - X_{min}}{x'_{max} - x'_{min}} \times (x'_i - x'_{min}) \tag{2-2}$$

(2) 第二类指标的标准化处理方法,本部分相关指标的标准化处理是通过上海、北京、广州和深圳 4 个国内一线城市对比,确定"上海旅游"品牌相关指标所代表的水平。上海、北京、广州、深圳 4 个城市某一指标分别为 $x''_{上海}$、$x''_{北京}$、$x''_{广州}$ 和 $x''_{深圳}$,4 个城市该指标的最大值、最小值分别记为 x''_{max} 和 x''_{min}。参考问卷调查结果,x 的最大值和最小值分别赋值为 X_{max} 和 X_{min},上海该项指标的标准化值见式(2-3),其中 i 分别为上海、北京、广州和深圳。

$$X = X_{min} + \frac{X_{max} - X_{min}}{x''_{max} - x''_{min}} \times (x''_i - x''_{min}) \tag{2-3}$$

(3) 第三类指标的评价方法,是通过上海与世界著名的旅游城市纽约的对比,找出"上海旅游"品牌指标所代表的水平。例如,上海、纽约某一指标分别记为 $x'''_{上海}$ 和 $x'''_{纽约}$,参考问卷调查结果 $\bar{X}$,确定上海该指标的标准化值见式(2-4)。

$$X = 2\frac{x'''_{上海}}{x'''_{上海} + x'''_{纽约}} \times \bar{X} \qquad (2-4)$$

经过上述方法处理,48 个指标标准化之后结果具有了可比性,为进行下一步的"上海旅游"品牌发展指数评价奠定了基础。

（三）综合评价模型

变量集聚是简化"上海旅游"品牌评价指标体系(Shanghai Tourism Brand,简称 STB)的有效手段,即指数大小不仅取决于独立变量的作用,也取决于各变量之间形成的集聚效应。品牌形象(Brand Image,简称 BI)、品牌质量(Brand Quality,简称 BQ)、品牌竞争力(Brand Competitiveness,简称 BCO)、品牌传播(Brand Communication,简称 BC)和品牌忠诚(Brand Loyalty,简称 BL)组成的评价模型如式(2-5)所示。

$$STB = BI_j^a + BQ_j^b + BCO_j^c + BC_j^d + BL_j^e \qquad (2-5)$$

式中,a、b、c、d、e 分别表示品牌形象、品牌质量、品牌竞争力、品牌传播和品牌忠诚的偏弹性系数,强调了"上海旅游"品牌各指标协调发展的重要性。本报告采取平均的方法赋值 48 个指标的权重,因此最终评价模型见式(2-6),基中 $j = 1, 2, 3\cdots\cdots, 48$。

$$STB = \left(\sum_{j=1}^{48}\left(\frac{X}{5} \div 48\right)\right) \times 100 \qquad (2-6)$$

参考文献

[1] BALOGLU S. Image variations of Turkey by familiarity index: Informational and

experiential dimension [J]. Tourism Management, 2001, 22: 127 - 133.

[2] BORA D B, MATHILDA V N, JEFFREY W, et al. Re-conceptualizing customer-based destination brand equity[J]. Journal of Destination Marketing & Management, 2018, 11: 211 - 230.

[3] BOO S, BUSSER J, BALOGLU S. A model of customer-based brand equity and its application to multiple destinations[J]. Tourism Management, 2009, 30: 219 - 231.

[4] KIM S H, HAN H S, HOLLAND S, et al. Structural relationships among involvement, destination brand equity, satisfaction and destination visit intentions: The case of Japanese outbound travelers [J]. Journal of Vacation Marketing, 2009, 15(4): 349 - 365.

[5] RUZZIER M K. Customer-based brand equity for a destination[J]. Social Science Electronic Publishing, 2013, 20(1): 189 - 200.

[6] Zeithaml V A. Consumer perception of price, quality & value: A means-end model & synthesis of evidence [J]. Journal of Marketing, 1998, 52(3): 2 - 22.

[7] 丁志伟,马芳芳,张改素.基于抖音粉丝量的中国城市网络关注度空间差异及其影响因素[J].地理研究,2022,41(9):2548 - 2567.

[8] 邹统钎,黄鑫,韩全,等.旅游目的地品牌基因选择的三力模型构建[J].人文地理,2021,36(6):147 - 156.DOI:10.13959/j.issn.1003 - 2398.2021.06.016.

[9] 朱金悦,李振环,杨珊,等.网络负面口碑对游客感知与旅游意向的影响——专业知识的调节作用[J].华侨大学学报(哲学社会科学版),2021(2):51 - 64.DOI:10.16067/j.cnki.35 - 1049/c.2021.02.006.

[10] 夏媛媛.基于游客视角的景区品牌资产模型构建[D].南昌:江西师范大学,2017.

[11] 苑炳慧,辜应康.基于顾客的旅游目的地品牌资产结构维度——扎根理论的探索性研究[J].旅游学刊,2015,30(11):87 - 98.

[12] 徐尤龙,钟晖,田里.基于IPA法的旅游目的地形象测量与问题诊断以昆明市为

例[J].北京第二外国语学院学报,2015,37(7):64-69.

[13] 黄先开,张丽峰,丁于思.百度指数与旅游景区游客量的关系及预测研究以北京故宫为例[J].旅游学刊,2013,28(11):93-100.

[14] 沈鹏熠.旅游企业社会责任对目的地形象及游客忠诚的影响研究[J].旅游学刊,2012,27(2):72-79.

[15] 李雪鹏.城市旅游竞争力的指标体系构建及评价研究[D].大连:辽宁师范大学,2010.

[16] 王兆峰,杨卫书.基于演化理论的旅游产业结构升级优化研究[J].社会科学家,2008(10):91-95.

[17] 马聪玲,倪鹏飞.城市旅游品牌:概念界定及评价体系[J].财贸经济,2008(9):124-127.DOI:10.19795/j.cnki.cn11-1166/f.2008.09.023.

[18] 周玫.基于顾客忠诚的品牌竞争力评价分析[J].当代财经,2005(9):74-76.

[19] 苏伟忠,杨英宝,顾朝林.城市旅游竞争力评价初探[J].旅游学刊,2003(3):39-42.

[20] 李树民,支喻,邵金萍.论旅游地品牌概念的确立及设计构建[J].西北大学学报(哲学社会科学版),2002(3):35-38.

第三章 "上海旅游"品牌指数评价

第一节 指 数 分 析

一、综合指数得分

根据数据和测度模型,经过综合测算得出了品牌形象、品牌质量、品牌竞争力、品牌传播和品牌忠诚等 5 个一级指标、14 个二级指标和 48 个三级指标的具体得分①。通过汇总得出 2023 年"上海旅游"品牌发展指数为 82.03 分(满分 100 分),见表 3 - 1。和 2022 年的 79.88 分相比,呈现出稳中向好发展态势。

为了更直观地显示"上海旅游"品牌指数情况,研究报告按照通常采用的百分制等级划分法,并以此判断"上海旅游"品牌所处的发展水平。满分为 100 分,1～19、20～39、40～59、60～79 和 80～100 分别代表"低""较低""一般""较好"和"好"的等级。

---

① 根据本研究的测度模型和方法,三级指标满分为 2.08 分,二级指标得分为其所包含的三级指标得分汇总,一级指标得分为其所包含的所有三级指标得分汇总,综合指数为 48 个三级指标得分汇总。

表 3-1 "上海旅游"品牌评价指标分值汇总

一 级 指 标		二 级 指 标		三 级 指 标	
名 称	分 值	名 称	分 值	名 称	分 值
品牌形象	15.00	品牌要素	4.84	品牌 Logo	1.58
				品牌口号	1.58
				城市宣传片	1.68
		城市形象	4.99	市容环境	1.79
				人文环境	1.71
				居民友善度	1.49
		旅游形象	5.17	品牌形象认同	1.72
				品牌联想	1.74
				品牌共鸣	1.71
品牌质量	13.73	旅游要素质量	5.16	景区质量	1.71
				宾馆质量	1.67
				休闲娱乐设施质量	1.78
		基础设施质量	3.62	配套设施质量	1.83
				标识系统质量	1.79
		旅游服务质量	4.95	服务技能	1.67
				服务态度	1.65
				服务特色	1.63
品牌竞争力	27.22	品牌活力	8.75	旅游收入	1.77
				旅游人次	1.85
				客房平均出租率	1.69

续 表

一 级 指 标		二 级 指 标		三 级 指 标	
名 称	分 值	名 称	分 值	名 称	分 值
品牌竞争力	27.22	品牌活力	8.75	客房平均价格	1.85
				旅游收入占地区生产总值比重	1.59
		品牌吸引力	10.36	5A级景区数量	1.60
				国家级旅游度假区数量	1.85
				国家重点文物保护单位数量	1.58
				剧场和影剧院数量	1.80
				五星级购物中心数量	1.85
		品牌潜力	8.11	空气质量优良天数	1.68
				旅游人次增长率	1.47
				旅游收入增长率	1.47
				铁路客运量	1.56
				机场旅客吞吐量	1.85
				国际航班通达数	1.76
品牌传播	17.68	媒体传播度	7.03	百度人气指数	1.85
				谷歌搜索量	1.85
				正面新闻报道数	1.71
				负面新闻报道数	1.62
		关注度	5.29	社交媒体粉丝数	1.85
				博文点赞数	1.66

续　表

| 一级指标 | | 二级指标 | | 三级指标 | |
名　称	分　值	名　称	分　值	名　称	分　值
品牌传播	17.68	关注度	5.29	博文转发量	1.78
		品牌口碑	5.36	正面口碑	1.67
				负面口碑	1.85
				城市声誉	1.84
品牌忠诚	8.40	满意度	3.45	持续关注度	1.76
				认同度	1.69
		忠诚度	4.95	重游	1.79
				推荐他人	1.69
				溢价游玩	1.47
总分	82.03		82.03		82.03

据此可知,2023 年"上海旅游"品牌发展指数(82.03 分)已迈入"好"的等级,但距离世界著名旅游城市目标的要求还有进一步提升的空间。根据发展趋势可以研判,通过不断努力,"上海旅游"品牌必将达到更好的发展水平。

根据上海市市场监管局公布的 2022 年上海市消费者满意度指数显示,2022 年上海市消费者满意度指数为 81.69 分,消费环境指数得分为 84.85 分[①]。由此可见,"上海旅游"品牌指数水平与政府部门对满意度指数的研究结果极为相近,均在 80 分以上,处于"好"的等级。这也充分反映了具有"都市型、综合性、国际化"特征的上海文旅业的巨大发展潜力和

---

① 人民网.81.69 分! 2022 年上海市消费者满意度指数公布[EB/OL].http://sh.people.com.cn/n2/2023/0316/c134768 - 40338625.html,2023 - 3 - 16.

近三十年来取得的非凡成就。自1997年上海提出以都市风光、都市商业和都市文化为核心吸引力的"都市旅游"定位以来,上海不断突破传统旅游资源不足的瓶颈,逐渐发展成了深受国内外游客喜爱的旅游目的地。2011年,上海提出了建设世界著名旅游城市的初步设想,《上海市旅游业改革发展"十三五"规划》明确提出,将上海打造成具有全球影响力的世界著名旅游城市目标。此后出台了《"十四五"时期深化世界著名旅游城市建设规划》等一系列规划和促进方案。"上海旅游"品牌知名度稳步提升,品牌形象不断改善,与纽约、伦敦等世界著名旅游城市品牌的差距日趋缩小。此外,"上海旅游"品牌也是展示上海美好新生活、提升城市软实力的"金名片",起到了很好的展示效应和传播效应。2022年,上海市政府工作报告中明确提出要打响"上海旅游"品牌,为其建设迎来了前所未有的发展机遇,也必将引领其迈向新的发展水平。

二、分类指数分析

综合指数显示,"上海旅游"品牌已迈入"好"的发展阶段,但分维度指数的权重和发展水平还存在一定的差异。通过指标具体得分与该指标满分的比值来测算指标得分率,可以反映指标的具体发展水平。分类指标权重越高,意味着对"上海旅游"品牌的作用越大;指标得分率越高,代表该指标的发展水平越好。

(一)分类指标权重

从"上海旅游"品牌评价指数的5个一级指标的权重来看,品牌竞争力指标权重最高(33.18%),其后依次为品牌传播(21.55%)、品牌形象(18.29%)、品牌质量(16.74%)和品牌忠诚(10.24%)。显而易见,品牌竞争力最能体现"上海旅游"品牌的发展水平,是打响"上海旅游"品牌的关键。与此同时,品牌忠诚的权重相对较小,对"上海旅游"品牌发展质量评价作用相对较小。但实际上在"上海旅游"品牌发展过程中,如何进一步提高游客满意度和认可度,培育忠诚游客群体是今后"上海旅游"品牌建设的关键。见表3－2。

表3－2 "上海旅游"品牌发展指数5个一级指标权重

序号	维　度	2022年权重/%	2023年权重/%
1	品牌形象	19.60	18.29
2	品牌质量	18.16	16.74
3	品牌竞争力	29.03	33.18
4	品牌传播	22.18	21.55
5	品牌忠诚	11.03	10.24
汇总		100.00	100.00

从表3－2来看,和2022年相比,除了品牌竞争力外,其他4个维度的权重均有小幅度下降。需要说明的是,2023年在对评价指标进行微调过程当中,新增的三级指标主要集中在品牌竞争力维度,所以造成其权重略有上升。因此,剔除该因素影响外,5个维度的权重变化不大,这从另一个视角也印证了该评价指标体系构建的科学性和评价结论的稳定性及可靠性。

(二)分类指数

进一步比较5个一级指标得分,可以分析其在"上海旅游"品牌发展指数中的所处位置。数据显示,品牌竞争力得分排名第一,为27.22。品牌竞争力是城市凭借自身旅游资源优势,通过整合和优化城市空间内其他竞争资源形成的对外知名度和美誉度的影响力、吸引力和发展潜力,在品牌评价指标体系中占据重要位置。"上海旅游"品牌竞争力优势明显,具体表现在旅游产业发展稳步提升,旅游市场富有活力,同时品牌潜力较大,发展势头良好。品牌传播、品牌形象和品牌质量分列第二、第三和第四,得分依次为 17.68、15.00 和 13.73,品牌忠诚得分相对较低,仅为 8.40。在进一步打响"上海旅游"品牌行动中,应根据上海都市资源和文化特色找出品牌形象定位,加强品牌营销,扩大品牌传播范围和影响力,提升旅游者体验,培育忠实的"粉丝"群体。如图 3-1 所示。

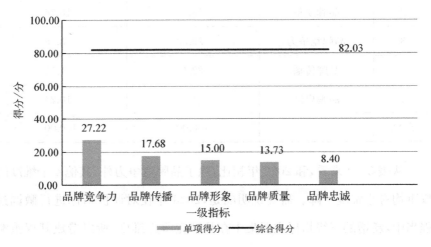

图 3-1 "上海旅游"品牌综合指数和分类指数得分

(三) 分类指标得分率

从分类指标的得分率来看,品牌传播得分率最高,达到了 84.94%。品牌质量、品牌竞争力和品牌忠诚分列第二、第三和第四,得分率分别为 82.35%、81.69% 和 80.68%。品牌形象得分率最低,为 80.00%。和 2022 年相比,5 个维度分类指标得分率均有不同程度的提高,最大增幅达到 6.52%,充分表明"上海旅游"品牌综合指数提升得益于 5 个维度分类指标的协同效应。但从 5 个维度分类指标横向比较来看,品牌形象、品牌忠诚等指标还有待进一步提升。见表 3-3。

表 3-3 "上海旅游"品牌发展指数 5 个一级指标得分率　　　%

序号	维 度	2022 年得分率	2023 年得分率	提高幅度
1	品牌形象	78.27	80.00	2.21
2	品牌质量	81.59	82.35	0.93
3	品牌竞争力	80.26	81.69	1.78
4	品牌传播	79.74	84.94	6.52
5	品牌忠诚	79.33	80.68	1.70

第二节　指 标 分 析

进一步分析 5 个一级指标所属的二级指标和三级指标,梳理形势之"新"背景下的需求之"切",找出发展之"短",可以为提升"上海旅游"品牌的影响力探寻解决之"策"提供理论依据和实践参考。

一、品牌形象指标

所谓品牌形象,是指旅游目的地品牌在市场上,或在游客心中所表现出的个性特征。它体现的是社会公众,特别是外来游客对品牌形象的评价与认知。本报告在"上海旅游"品牌形象一级指标中,包含品牌要素、城市形象和旅游形象 3 个二级指标。其中,品牌要素包含品牌 Logo、品牌口号、城市宣传片 3 个三级指标;城市形象包含市容环境、人文环境、居民友善度 3 个三级指标;旅游形象包含品牌形象认同、品牌联想、品牌共鸣 3 个三级指标。该维度指标合计有 9 个,主要反映"上海旅游"品牌的形象要素集合体、城市发展适配度、游客心理图式等方面的内容,数据主要通过 1 053 份市场问卷获取。9 个三级指标的得分率如图 3-2 所示。

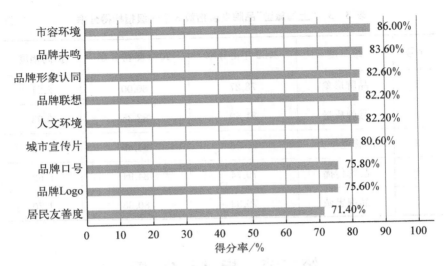

图 3-2　品牌形象维度三级指标得分率

从图 3-2 可以发现,根据指标得分率中位数 82.10％的标准,在品牌形象维度 9 个指标中,有 5 个指标得分率在中位数以上,约占维度指标数的 55.56％;有 4 个指标得分率低于中位数,约占 44.44％。其中,市容环境指标表现最为突出,得分率为 86.00％,名列品牌形象维度指标第一位。

从品牌要素包含的品牌 Logo、品牌口号、城市宣传片 3 个指标看,整体的得分率相对偏低,分别为 75.60％、75.80％、80.60％,都在中位数以下,在品牌形象维度中分列第六至第八位。从目前有关上海旅游市场品牌营销的实际情况看,尽管通过城市宣传片、品牌口号和品牌 Logo 等途径可以让部分游客在一定程度上了解,甚至记住"上海旅游"品牌的大致轮廓,或是碎片化的形象要素,然而却无法使游客真正铭记和理解"上海旅游"品牌形象的价值理念、核心要素、清晰特征和资源魅力。来自受访者的主观感受和亲身体验表明,"上海旅游"品牌形象距离深入人心的品牌营销的市场目标尚有明显差距。

从城市形象包含的市容环境、人文环境、居民友善度 3 个指标看,得分率依次为 86.00％、82.20％、71.40％,显然市容环境指标表现最为突出。而居民友善度则位列末位,得分率仅为 71.40％。需要指出的是,虽然市容环境和居民友善度同属于品牌形象维度中的城市形象二级指标中的 2个三级指标,然而得分率较为悬殊,分属首末两端。

　　一般来讲,市容环境指标是城市形象的重要表征,也是"上海旅游"品牌形象的重要组成部分,更是亿万外来游客在上海从事旅游活动最直接的形象感受之一。多年来,上海环卫行业聚焦重要商圈、热点区域以及旅游景区,以点带面、联建共治,不断满足人民群众对高品质生活质量的需求,实现上海市容环境质量的整体提升,从而受到外来游客的普遍认可。所谓居民友善度,是一种测量城市本地居民与外来游客之间人际关系水平的标准,包括本地居民与外来游客之间的友好和融洽关系、活动的参与度等。近年来,以"城市有温度"为导向,上海在完善城市友好度与居民友善度方面持续发力,逐渐加强建设力度,已经取得有目共睹的综合效应,并正在成为实现世界级旅游目的地发展目标不可或缺的组成部分。

　　研究发现,在"上海旅游"品牌形象维度,居民友善度指标的得分率相对较低,且连续 2 年都排在品牌形象维度的最后位置。一方面,说明上海在提升居民友善度过程中存在薄弱环节,而这些薄弱环节恰恰折射出"上海旅游"品牌作为城市软实力重要组成部分还存在一些不尽如人意之处;另一方面,表明游客对上海应该具有更大的包容性、更强的亲和力、更高的友好度等城市形象特征表现出十分强烈的现实需求与急切渴望,正是由于这种现实需求与急切渴望的市场反馈,进而演化为游客对上海有温度的城市建设目标持有更高的期许。

　　总体来看,在品牌形象维度指标中,代表城市形象的市容环境既看得见,又摸得着,体现上海的硬物质形象内容,得分率相对较高;而代表形象维度的居民友善度则需要游客用心感受、用情体验、用语沟通,体现上海的软物质形象内容,得分率却相对较低。品牌形象物质性指标与精神性指标之间发展的不平衡性,暴露出"上海旅游"品牌形象建设中存在的一些隐性问题,需要进行深刻反思。

就上海作为一个城市旅游目的地而言,居民友善度过低暗含着对外来游客造成精神软伤害的可能性。一般而言,这种精神软伤害大多是由于语言蔑视、态度冷淡、神态歧视等因素引起。由于友善度过低产生的精神软伤害,通常看不见,甚至摸不着。然而对此软伤害,决不能等闲视之,漠然处之。因为在当今互联网时代,有许多事实已经证明,并将继续证明,由于旅游目的地居民较低的友善度对外来游客带来的精神软伤害事件,一旦处理不慎,极有可能在很短时间内,乃至是一瞬间,转变成对一个城市形象形成全方位的硬伤害,由此造成的危害性程度及其综合性损失难以估量。因此,针对居民友善度指标得分率较低这一现象,应该精细梳理,未雨绸缪,采取相应手段与明确步骤进行弥补和完善,从而有助于真正实现上海旅游市场"近悦远来、主客共享"的发展目标。

从旅游形象包括的品牌形象认同、品牌联想和品牌共鸣 3 个指标看,得分率分别为 82.60%、82.20%和 83.60%,名列品牌形象维度指标的第二至第四位,整体表现比较突出,表明融合都市风光、都市文化和都市商业为一体的都市型旅游形象得到了亿万游客较高程度的认可与青睐,并在一定程度上产生真实的情感共鸣与趋同的价值认同。

同时值得注意的是,在品牌形象维度中 9 个指标的得分率分布并不均衡,反映了以市场反馈为衡量标准,"上海旅游"品牌形象的市场辨识度还有进一步提升的空间。与此同时,构成品牌形象维度各个部分,以及各个指标之间的内在逻辑性与协调性也需要进一步优化。尤其是围绕品牌形象市场化推广的专业性、系统性和有效性,亟待全方位整合、全要素发力与全过程优化。

通过和 2022 年相比,2023 年的品牌形象维度得分率整体有所提高,但指标得分率的不平衡性依旧存在,值得欣喜的是首尾指标得分率的差距有所缩小,由 2022 年的 16.8 缩小至 2023 年的 14.6。从具体排序来看,市容环境、城市宣传片、宣传口号、品牌 Logo 和居民友善度等 5 个指标位次没有变化,品牌共鸣和人文环境各上升一位,旅游形象认同和品牌联想各下降一位。见表 3-4。

表 3-4 2023 年和 2022 年品牌形象维度得分率排序变化

指标名称	2022 年得分率/%	2023 年得分率/%	排序变化情况
市容环境	84.60	86.00	→
品牌共鸣	82.20	83.60	↑1
旅游形象认同	83.40	82.60	↓1
人文环境	80.60	82.20	↑1
品牌联想	81.60	82.20	↓1
城市宣传片	78.60	80.60	→
宣传口号	75.00	75.80	→
品牌 Logo	70.60	75.60	→
居民友善度	67.80	71.40	→

注:→代表位次没有变化,↑代表位次上升,↓代表位次下降,后面的数字代表上升或下降的位次数量。下同。

总之,"上海旅游"品牌形象需要聚焦品牌形象目标受众的感受度,通过整合与提升,既可以清晰凸显"上海旅游"品牌形象的核心理念,又能够着力夯实受到市场广泛认可的品牌形象的物质要素,进而以"上海旅游"品牌形象为突破口,在城市宣传片、品牌口号和品牌 Logo 的引导下,形成前来上海旅游的心理依赖,产生前来上海旅游的消费冲动,确立前来上海旅游的价值标尺。

二、品牌质量指标

所谓品牌质量,是指使用该品牌的产品质量,主要反映该品牌产品的耐久性、可靠性、精确度,易于操作和便于修理等有价值的属性。基于此,本报告构建的"上海旅游"品牌发展指标体系中的一级指标品牌质量包含旅游要素质量、基础设施质量和旅游服务质量等3个二级指标。其中,旅游要素质量包含景区质量、宾馆质量、休闲娱乐设施质量3个三级指标;基础设施质量包含配套设施质量、标识系统质量2个三级指标;旅游服务质量包含服务技能、服务态度、服务特色3个三级指标。该维度指标合计有8个,主要反映"上海旅游"品牌的实际质量、体验质量、无形质量等方面的内容,数据主要通过1053份市场问卷获取。8个三级指标得分率情况如图3-3所示。

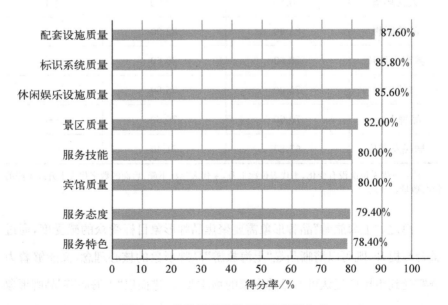

图 3 - 3 品牌质量维度三级指标得分率

从图 3-3 可以发现,根据指标得分率中位数 82.10% 的标准,在品牌质量维度 8 个指标中,中位数以上有 3 个,以下有 5 个。其中,配套设施质量指标的旅游市场反响最好,得分率为 87.60%,在品牌质量维度中排名第一位。

从旅游要素质量包含的景区质量、宾馆质量、休闲娱乐设施质量 3 个指标看,得分率依次为 82.00%、80.00%、85.60%。必须指出,休闲娱乐设施质量指标得分率明显高于宾馆质量和景区质量指标。这一品牌质量指标得分率的分布格局,在一定程度上表明,经过多年努力,上海在休闲娱乐设施建设方面,不仅在数量和规模上进入了新的发展阶段,形成了产业系统性、消费层次性、分布均衡性的市场发展特征,而且在休闲娱乐设施质量保障方面同样得到旅游客源市场比较充分的肯定。从另一个角度看,受访者对上海休闲娱乐设施质量的肯定与青睐,折射出文化旅游市场发展正在酝酿一种新趋势,也即对游客来讲,在上海从事旅游活动,除了传统的宾馆住宿和景区活动外,休闲娱乐设施事实上已经成为游客重要的第三活动空间。值得欣慰的是,高质量的休闲娱乐设施一跃而成为体现上海旅游要素质量的代表性指标,成为后疫情时代上海文化和旅游新消费业态的物质载体。从上海发展的现状看,休闲娱乐场所不仅丰富了城市文化旅游活动的空间形态,而且为全域旅游向全域休闲转变奠定了物质服务基础。

从基础设施质量包含的配套设施质量、标识系统质量 2 个指标看,得分率依次为 87.60% 和 85.80%,分列第一和第二位,说明旅游市场对于基础设施质量指标的评价比较高。

其中,配套设施主要是指为外来游客在本地区从事旅游活动提供的各种直接与间接的服务设施,包括旅游接待(酒店、饭店和停车场等)、旅游购物、旅游娱乐、交通、商业服务、园林绿化、环境保护、医疗救护、邮电等市政公用工程设施和公共生活服务设施等。高得分率表明,各种基础配套设施为亿万游客在上海顺利开展各种形式的旅游活动奠定了扎实基础。受访者对上海基础设施质量给予较高的评价,有力地证明了近年来上海对标国际一流水准,着力提升城市基础设施建设质量的发展目标已经取得长足进步和积极成效,进而为"上海旅游"品牌质量的全面提升夯实了发展的物质基础。

从旅游服务质量包含的服务技能、服务态度、服务特色等3个指标看,整体上得分率相对较低,分别是80.00%、79.40%、78.40%,均在中位数以下,在品牌质量维度中分列倒数第四、第二和第一。一般认为,旅游服务质量是旅游企业服务特性和特征的总和。外来游客到访上海以后,在具体的旅游活动过程中,通过比较预期勾勒的服务质量与实际体验的服务质量之间的异同,形成对旅游服务质量的总体心理感知,进而产生对旅游服务质量的基本价值判断。得分率偏低表明,受访者对"上海旅游"品牌旅游服务质量整体市场感知较弱,价值评价较低,击中了"上海旅游"品牌服务质量的软肋。

通过和2022年相比,2023年的品牌质量维度得分率除了宾馆质量外,其他指标均有所提高,但指标得分率的不平衡性同样存在,值得注意的是首尾指标得分率的差距有所缩小,由2022年的10个百分点缩小至2023年的9.2个百分点。从具体排序来看,配套设施质量、服务技能、服务态度、服务特色等4个指标位次没有变化,标识系统质量和景区质量各上升一位,休闲娱乐设施质量和宾馆质量各下降一位。见表3-5。

表3-5　2023年和2022年品牌质量维度得分率排序变化

指标名称	2022年得分率/%	2023年得分率/%	排序变化情况
配套设施质量	87.20	87.60	→
标识系统质量	83.80	85.80	↑1
休闲娱乐设施质量	85.40	85.60	↓1
景区质量	80.80	82.00	↑1

续　表

指标名称	2022 年得分率/%	2023 年得分率/%	排序变化情况
宾馆质量	81.40	80.00	↓1
服务技能	79.60	80.00	→
服务态度	77.40	79.40	→
服务特色	77.20	78.40	→

综合来看,旅游要素质量、基础设施质量是组成品牌质量的硬服务质量部分,旅游服务质量则是构成品牌质量的软服务质量部分。从旅游市场的感知反馈来看,"上海旅游"品牌质量的硬服务质量部分相对较"硬",而软服务质量部分则相对较"软"。硬服务质量较硬与软服务质量较软之间存在的反差,揭示了"上海旅游"品牌质量建设存在着比较严重的"硬软失衡"的发展缺陷。提升上海旅游软服务质量,仍旧是"上海旅游"品牌质量建设的重中之重。

三、品牌竞争力指标

所谓旅游目的地品牌竞争力,主要是指旅游目的地在品牌发展和竞争过程中,旅游者和旅游目的地居民能明确感知到的、旅游目的地旅游企业所表现出的品牌形态同其他旅游目的地相比较,具有的创造财富和价值收益的能力(吴开军,2016)。基于此,本报告构建的"上海旅游"品牌发展指标体系中的品牌竞争力一级指标包含品牌活力、品牌吸引力和品牌潜力 3 个二级指标。其中,品牌活力包含旅游收入、旅游人次、客房平均出租率、客房平均价格、旅游收入占地区生产总值比重等 5 个三级指标;品牌吸引力包含 5A 级景区数量、国家级旅游度假区数量、国家重点文物保护单位数量、剧场和影剧院数量、五星级购物中心数量、空气质量优良天数等6个三级指标;品牌潜力包含旅游人次增长率、旅游收入增长率、铁路客运量、机场旅客吞吐量、国际航班通达数等5个三级指标。该维度指标合计有16个,主要反映"上海旅游"品牌的核心竞争力、辐射竞争力、潜在竞争力的现实状态。16个三级指标得分率如图3-4所示。

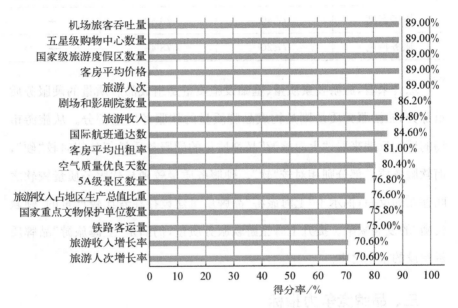

图3-4 品牌竞争力维度三级指标得分率

从图3-4可以发现,以"上海旅游"品牌评价指标得分率的中位数82.10%为标准,在该维度的16个指标中,得分率在中位数以上的指标有8个,低于中位数的指标有8个,各占50.00%。其中,机场旅客吞吐量、五星级购物中心数量、国家级旅游度假区数量、客房平均价格、旅游人次等5个指标的得分率均为89.00%,并列品牌竞争力维度第一名。由此可以发现,该维度的得分率不仅普遍较高,而且有5个指标得分率获得最高值,约占9个最高得分率指标数的55.56%。与此同时,该维度有2个指标的得分率为70.60%,约占3个最低得分率指标数的66.67%。显而易见,品牌竞争力维度发展的不均衡性特征更为明显。

　　从品牌活力包含的旅游收入、旅游人次、客房平均出租率、客房平均价格、旅游收入占地区生产总值比重等 5 个指标看,得分率的分布很不均衡,且首末指标得分率差距较为悬殊。一方面,旅游人次和客房平均价格指标的得分率同为 89.00％,在维度指标排名中并列第一,旅游收入得分率为 84.80％,名列第七;另一方面,客房平均出租率得分率为 81.00％、旅游收入占地区生产总值比重得分率为 76.60％,均低于评价指标的中位数。

　　所谓客房平均出租率,是指宾馆/酒店已出租的客房数与可以提供租用的房间总数的百分比,是反映宾馆/酒店经营状况的一项重要指标。在通常情况下,平均出租率越高,说明宾馆/酒店市场客源越好;在平均房价不变的情况下,出租率越高,表明宾馆/酒店的营业状况越好。所以客房平均出租率指标的得分率较低也在一定程度上说明,作为体现宾馆/酒店行业发展质量和发展效率的关键指标存在明显不足。所谓旅游收入占地区生产总值比重,主要是衡量旅游及相关行业对一个城市经济发展影响力的程度。就占比而言,虽说上海在这一方面的发展超过全国的平均水平,但是与北京、广州和深圳等城市相比,上海仍旧存在一定差距。因此,客房平均出租率和旅游收入占地区生产总值比重 2 个指标得分率相对较低,既折射出"上海旅游"品牌竞争力建设中存在的现实短板,又蕴含着提升品牌竞争力活力的发展潜力。

　　从品牌吸引力包含的 5A 级景区数量、国家级旅游度假区数量、国家重点文物保护单位数量、剧场和影剧院数量、五星级购物中心数量、空气质量优良天数等 6 个指标看,得分率分别为 76.80％、89.00％、75.80％、86.20％、89.00％、80.40％,整体得分率悬殊较大。需要指出的是,从一般意义上讲,5A 级景区代表了一个城市最有吸引力和最具竞争力的旅游资源,也是一个城市旅游品牌吸引力的最直接体现。一方面,作为上海旅游市场最具品牌影响力和市场吸引力的迪士尼乐园,目前并没有纳入5A级景区系列之中,可以说直接或间接地拉低了该指标的得分率;另一方面,相比于国内其他大城市,上海在5A级景区建设方面的步伐稍显滞缓,导致数量略少,也是造成该指标得分率较低的原因之一。

从品牌潜力包含的旅游人次增长率、旅游收入增长率、铁路客运量、机场旅客吞吐量、国际航班通达数等5个指标看,得分率分别是70.60%、70.60%、75.00%、89.00%、84.60%。对此,需要特别指出的是,受疫情影响,2022年对上海而言是极其特殊的一年,上海市文化和旅游局在做好疫情防控工作的基础上,积极开展"海派城市考古"和"建筑可阅读"等活动,充分挖掘本地游市场潜力,旅游产业在下半年虽然得到了一定程度的恢复,但全面恢复尚需时日,从另一个侧面再次印证了旅游行业的脆弱性特征。

通过和2022年相比,2023年的品牌竞争力维度得分率升降指标喜忧参半,其中得分率提高的指标有7个、降低的有5个。从12个未调整指标的具体排序来看,旅游人次、客房平均价格、机场旅客吞吐量、国际航班通达数等4个指标位次没有变化,旅游收入、铁路客运量、旅游人次增长率和旅游收入增长率的位次有所下降,客房平均出租率、空气质量优良天数、5A级景区数量和旅游收入占地区生产总值比重的位次有所上升。见表3-6。

表3-6 2023年和2022年品牌竞争力维度得分率排序变化

指 标 名 称	2022年得分率/%	2023年得分率/%	排序变化情况
旅游人次	87.20	89.00	→
客房平均价格	87.20	89.00	→
国家级旅游度假区数量	—	89.00	—①

续　表

指　标　名　称	2022 年 得分率/%	2023 年 得分率/%	排序变 化情况
五星级购物中心数量	—	89.00	—
机场旅客吞吐量	87.20	89.00	→
剧场和影剧院数量	—	86.20	—
旅游收入	87.20	84.80	↓3
国际航班通达数	86.20	84.60	→
客房平均出租率	77.67	81.00	↑4
空气质量优良天数	78.27	80.40	↑2
5A 级景区数量	70.87	76.80	↑3
旅游收入占地区生产总值比重	67.60	76.60	↑3
国家重点文物保护单位数量	——	75.80	—
铁路客运量	81.94	75.00	↓3
旅游人次增长率	83.33	70.60	↓5
旅游收入增长率	81.11	70.60	↓4

注：①此类指标为 2023 年新增加的指标,故无法与 2022 年进行比较。

从"上海旅游"品牌竞争力维度指标得分率的整体看,不平衡性态势极为明显,构成维度指标的各个部分之间的指标得分率也有较大差异,说明该维度指标内部的发展既不充分,又不平衡,亟需持续高度关注、深入分析、仔细甄别。特别在后疫情文旅行业全面复苏的背景下,应充分发挥上海的综合优势,创新消费业态和环境,将游客流量转化为有效留量,带动文旅消费能级提升,提高客房平均出租率、旅游收入占地区生产总值比重等指标得分率,进而在整体上提高"上海旅游"品牌竞争力水平。

四、品牌传播指标

所谓品牌传播,是指旅游目的地以品牌的核心价值为原则,在品牌识别的整体框架下,通过各种传播方式,将品牌推广出去。在本报告中,"品牌传播"一级指标包括媒体传播度、关注度和品牌口碑3个二级指标。其中,媒体传播度包括百度人气指数、谷歌搜索量、正面新闻报道数、负面新闻报道数4个三级指标;关注度包括社交媒体粉丝数、博文点赞数、博文转发量3个三级指标;品牌口碑包括正面口碑、负面口碑、城市声誉3个三级指标。该维度指标合计有10个,主要反映"上海旅游"品牌的媒体传播反响度、社会公众认知度和品牌口碑塑造度三方面内容。10个三级指标的得分率如图3-5所示。

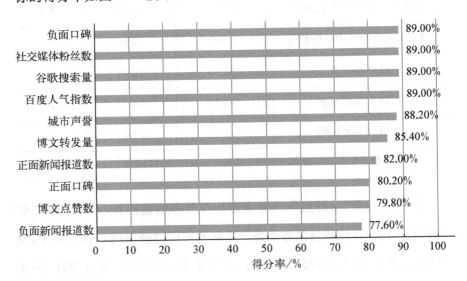

图 3-5 品牌传播维度三级指标得分率

从图3-5可以发现,"上海旅游"品牌评价指标得分率的中位数为82.10%,在品牌传播维度10个指标中,有6个指标得分率在中位数以上,占总数的 60%,4 个指标得分率低于中位数,占总数的 40%。其中,"上海旅游"品牌传播在负面口碑、社交媒体粉丝数、谷歌搜索量和百度人气指数等 4 个指标的表现比较突出,得分率均为 89.00%,并列第一。

从媒体传播度包含的百度人气指数、谷歌搜索量、正面新闻报道数、负面新闻报道数 4 个指标看,百度人气指数和谷歌搜索量 2 个指标的得分率最高,位列第一位,正面新闻报道数为 82.00%,负面新闻报道数最低,仅 77.60%。其中负面新闻报道数指标得分率最低,从一个侧面反映了在疫情大规模席卷下,各方面的应对机制还不够完善。

值得注意的是,在媒体传播部分谷歌搜索量指标得分率从 2022 年的末位排名逆袭到 2023 年的第一位。谷歌作为全球最重要的搜索引擎,通过观察谷歌中的搜索量,可以在一定程度上判断一个城市在国际市场上的品牌传播的热度。从一个侧面折射出"上海旅游"品牌在国际旅游市场中的营销功能得到进一步增强。

从品牌传播维度中的媒体传播度和关注度两方面评价指标的得分率交互分析看,针对"上海+旅游"的百度人气指数指标和针对"Shanghai+travel"的谷歌搜索热度指标的得分率均为 89.00%,反映了"上海旅游"品牌在国内外旅游市场的传播效果较好,为畅通国内国际双循环奠定了良好基础。

从关注度包含的社交媒体粉丝数、博文转发量和博文点赞数 3 个指标看,社交媒体粉丝数指标的得分率最高,为 89.00%,博文转发量为 85.40%,博文点赞数却仅有 79.80%,反差较为明显。所谓博文点赞数,是目前比较公认的衡量一个社交媒体发布或转发有关"上海旅游"内容的博文在网络上获得宣传推广效果的一个标尺。博文点赞数越多,就表示该社交媒体所发布的内容越受欢迎,也说明公众对"上海旅游"品牌的关注度越高,对上海城市旅游产生的兴趣点和信任度也越高;反之,则相对较弱。上述指标得分率之间的反差暴露出"上海旅游"品牌传播中存在博文发文数及转发量与点赞数脱节的问题。透过这一问题的表象进行仔细考察，实际上反映出"上海旅游"品牌在网络平台传播中存在的内容与质量脱节的深层次问题。如何在相关平台进行"上海旅游"品牌博文推送的同时，进一步丰富博文的内涵、提升博文的质量、发挥博文的魅力，有效提高博文的点赞数，使"上海旅游"品牌传播在网络世界里大展身手，真正体现品牌传播的倍增效应，是一个需要尽快解决的棘手难题。

从品牌口碑包含的正面口碑、负面口碑、城市声誉 3 个指标看，负面口碑指标的得分率最高，为 89.00%，城市声誉得分率为 88.20%，正面口碑的得分率较低，为 80.20%。必须指出的是，城市声誉这一指标主要是从国际市场竞争角度考察上海城市软硬环境的综合性指标由以下三个方面的评价内容组成：一是上海在 GaWC（Globalization and World Cities 的缩写）全球城市中的排名；二是上海在全球金融中心指数中的排名；三是上海在世界城市 500 强中的排名。从城市声誉指标的评价内容构成看，具有以下两个显著特点：一是数据的权威性。该指标含有 3 个方面的数据，无一不是来自当今国际上公认的权威机构发布的研究报告；二是数据的多元性。该指标包括 3 个方面的评价数据，反映了上海在国际市场 3 个侧面的认可度，以及上海在每一个方面的现实显示度。所以说从城市声誉指标的得分率角度，可以比较客观和清晰地判定上海在当今全球对标市场中所处的基本方位，以及上海城市声誉在国际标准视野里所能够达到的基本程度。

通过和 2022 年相比，2023 年的品牌传播维度得分率除了博文转发量和负面新闻报道数外，其他指标得分率均有所提高，但指标得分率的不平衡性同样存在，所幸的是首尾指标得分率的差距有所缩小，由 2022 年的 19.6 个百分点缩小至 2023 年的 11.4 个百分点。从具体排序来看，整体变化比较大,只有社交媒体粉丝数没有发生变化,谷歌搜索量从最后一位逆袭至第一位,位次上升的还有百度人气指数和负面口碑,其他 7 个指标的位次均有不同程度的下降。见表 3 - 7。

表 3 - 7　2023 年和 2022 年品牌传播维度得分率排序变化

指标名称	2022 年得分率/%	2023 年得分率/%	排序变化情况
百度人气指数	84.23	89.00	↑4
谷歌搜索量	67.60	89.00	↑9
社交媒体粉丝数	87.20	89.00	→
负面口碑	68.60	89.00	↑8
城市声誉	87.20	88.20	↓4
博文转发量	87.20	85.40	↓5
正面新闻报道数	79.86	82.00	↓1
正面口碑	79.20	80.20	↓1
博文点赞数	69.06	79.80	↓1
负面新闻报道数	87.20	77.60	↓9

综合来看,一方面,上海市文化和旅游局 2022 年在做好疫情防控的同时,依旧通过线上形式举办上海旅游节,并以此带动国内外旅游市场的营销力度,在品牌传播上取得良好成效;另一方面,"上海旅游"品牌传播维度也存在一定的负面危机感,需要针对性制定和完善策略,以避免品牌传播的薄弱环节对"上海旅游"品牌的整体影响。

五、品牌忠诚指标

品牌忠诚是指消费者对某一品牌具有特殊的嗜好或偏好,因而在不断购买此类产品时,仅仅是专注于该产品的品牌而放弃对其他产品品牌的尝试。所谓旅游目的地品牌忠诚,可以理解为游客对目的地的持续关注度、重游、推荐他人等态度和行为忠诚。基于此,本报告构建的"上海旅游"品牌发展指标体系中的品牌忠诚一级指标包含满意度和忠诚度 2 个二级指标。其中,满意度包含持续关注度、认同度 2 个三级指标;忠诚度包含重游、推荐他人、溢价游玩等 3 个三级指标。该维度指标合计有 5 个,主要反映"上海旅游"品牌的游客满意度、情感依赖性等游客消费市场的价值诉求态势,数据主要通过 1 053 份市场问卷获取。5 个三级指标得分率如图 3-6 所示。

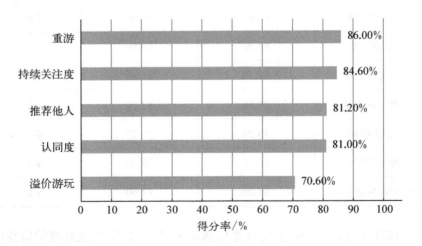

图 3-6　品牌忠诚维度三级指标得分率

从图 3-6 可以发现,以"上海旅游"品牌评价指标得分率的中位数 82.10% 为标准,品牌忠诚维度 5 个指标中仅有 2 个指标的得分率位于中位数以上,其余 3 个指标的得分率都处于中位数以下。

由于品牌忠诚维度的所有指标都来自受访者的市场评价,所以大致可以勾勒出游客对"上海旅游"品牌忠诚的基本特征和主要倾向。从品牌满意度包含的持续关注度和认同度 2 个指标看,得分率分别为 84.60%、

81.00％。这里的持续关注度主要是指游客对上海旅游及其相关信息的关注程度。从持续关注度指标得分率看,游客的市场反馈非常积极。这里的认同度主要是指游客通过经历前来上海旅游的整个过程,获得的一种心理感受和认知,进而形成对上海旅游相应的价值判断与心理评估。从认同度指标得分率看,受访者的市场评价略低于中位数。综合来看,客源市场对上海旅游的满意度总体上比较高,这一市场反馈也得到了现实旅游市场的积极佐证。

从品牌忠诚度包含的重游、推荐他人、溢价游玩等3个指标看,得分率依次是86.00％、81.20％、70.60％。需要注意的是,上述3个指标中,游客表示到上海进行重游指标的得分率为86.00％,说明受访者中愿意重复前来上海旅游的比重相当高,与近年来上海游客接待量持续提升的市场发展态势基本吻合。所谓重游,是指在针对受众进行市场调研过程中,游客表示愿意再次或多次前来上海进行旅游活动的一种主观意愿的表示。受访者对上海重游意愿比例高,一方面,说明上海这座城市具有独特的资源、多彩的娱乐、完善的设施、便捷的交通、体验的场景、规范的管理,无不是构成上海独具魅力的旅游目的地的元素;另一方面,随着我国旅游市场更趋成熟,旅游目的地更加多元化,旅游消费市场也日益细分化,在这样的大背景下,游客依然对上海青睐有加、偏爱不已、依赖更深,反映了上海深根厚植红色文化、海派文化、江南文化和时尚文化形成的核心引力,既是上海现实旅游市场的客观反映,也勾勒出上海旅游市场未来发展的基本趋势。

需要特别关注的是,从溢价游玩指标看,得分率为70.60％,也是连续两年评价体系中4个指标得分率最低的指标之一。相对而言,上海旅游企业运营成本比较高,导致游客在酒店、餐饮、景区以及其他休闲娱乐消费方面的花费普遍较高。因而受访者的市场反馈表明游客对溢价游玩指标的心理承受度比较弱，抵触情绪比较浓，致使市场评价比较低。

从推荐他人指标看，得分率为 81.20%，略低于评价指标得分率的中位数。尽管从这一数据可以看到，有相当部分的受访者乐意向他人推荐上海旅游，或部分旅游项目，但是必须清醒意识到，不断提高游客在上海旅游的体验度和满意度，是促使游客能够乐意向他人推荐"上海旅游"的真正内在动力。

通过和 2022 年相比，2023 年的品牌忠诚维度得分率均有所提高，排序位次基本保持稳定。从具体排序来看，整体变化不大，重游、持续关注度和溢价游玩均没有发生变化，推荐他人和认同度位次进行了调换，推荐他人上升一位，认同度下降一位。见表 3-8。

表 3-8　2023 年和 2022 年品牌忠诚维度得分率排序变化

指标名称	2022 年得分率/%	2023 年得分率/%	排序变化情况
重游	85.20	86.00	→
持续关注度	83.40	84.60	→
推荐他人	79.60	81.20	↑1
认同度	80.80	81.00	↓1
溢价游玩	67.60	70.60	→

进一步梳理分析持续关注度、认同度、重游、溢价游玩和推荐他人等 5 个方面的指标得分率，整体上可以反映旅游市场对"上海旅游"品牌忠诚问题表现出来的积极态度和首肯倾向，成为推进"上海旅游"品牌建设良好的客源市场的民意基础。同时，也为"上海旅游"品牌建设与推广制定明确的营销方案与精准的促销策略提供了科学依据。

第三节 指标比较分析

本报告构建了包含 5 个一级指标、14 个二级指标、48 个三级指标的"上海旅游"品牌发展指数评价指标体系。基于上海 48 个三级指标的横向对比,以及与北京、广州和深圳三个城市的比较,同时对标纽约,找准"上海旅游"品牌所处的方位,识别出发展短板,为进一步打响"上海旅游"品牌相关政策制定提供参考。

一、指标得分率比较

通过对指标进一步分析发现,48 个指标的平均得分率为 82.06%,其中 24 个指标得分率大于均值,24 个得分率小于均值,各占一半。三级指标得分率在 80% 以上的为 34 个,其中旅游人次、客房平均价格、国家级旅游度假区数量、五星级购物中心数量、机场旅客吞吐量、百度人气指数、谷歌搜索量、负面口碑、社交媒体粉丝数等 9 个指标得分率均为 89.00%,集中在品牌活力、品牌吸引力、媒体传播度、关注度和品牌潜力等维度。三级指标得分率为 70%~80% 的为 14 个,按照得分率从高到低依次为博文点赞数、服务态度、服务特色、负面新闻报道数、5A 级景区数量、旅游收入占地区生产总值比重、宣传口号、国家重点文物保护单位数量、品牌 Logo、铁路客运量、居民友善度、旅游人次增长率、旅游收入增长率、溢价游玩等。其余 25 个三级指标得分率为 80%~89%。如图 3-7 所示。

进一步比较"自我审视"(问卷调查等)和"放眼国内"(北上广深比较)两类指标的平均得分率,分别为 80.94% 和 83.06%。说明通过游客感知调查和与北京、广州及深圳的比较,"上海旅游"品牌总体表现良好,开始迈入"好"的发展水平。见表 3-9。

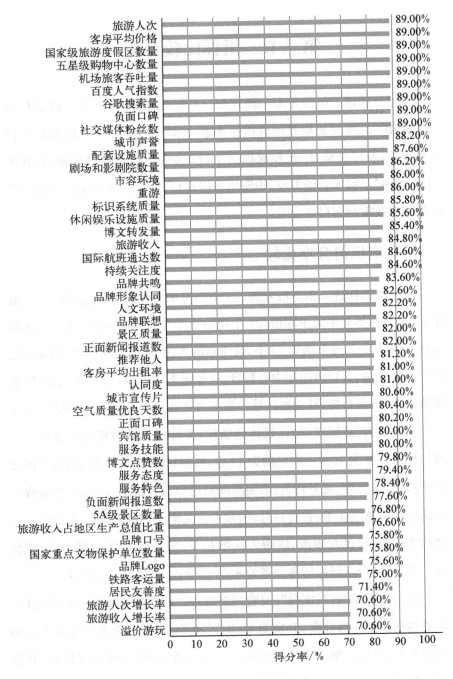

图 3－7　48个三级指标得分率

表 3-9 2022 年和 2023 年三类指标得分率比较

序号	指标类型	2022年 得分率/%	等级	2023年 得分率/%	等级
1	问卷调查	79.20	较好	80.94	好
2	北上广深比较	80.62	好	83.06	好
3	均值	79.88	较好	82.06	好

二、北京、广州和深圳旅游品牌现状分析

本报告中的指标体系由主观指标和客观指标两部分构成。其中主观指标数据来自市场调研问卷;客观指标数据主要来自相关统计年鉴、政府公报、平台以及相关的文献资料。鉴于客观数据的可获取和可比性特点,该报告选取北京、广州和深圳 3 座城市作为"上海旅游"品牌建设的国内对标城市。对标城市的选取依据主要有以下两方面。

第一,北上广深的城市发展水平具有一定相似性。从城市所属区域来看,4 个城市皆为东部沿海城市。从城市行政级别来看,北京和上海属于直辖市,广州属于省会城市,深圳则属于计划单列市。从城市规模来看,4 个城市的常住人口规模均超过 1 000 万,属于国际语境下的"超大城市(Megacity)"。从城市等级来看,据《2023 城市商业魅力排行榜》显示,4 个城市皆为一线城市,且排序为上海、北京、广州、深圳。从城市发展来看,至 2022 年末,北上广深 4 个城市的城镇化率依次为 87.6%、89.3%、86.5%、100%。相似的城市发展水平使得"上海旅游"品牌发展指数研究在城市形象、旅游形象、基础设施等维度层面具有横向比较的可能。同时,北上广深的城市旅游品牌对其他城市发展具有较强的示范作用和借鉴作用。

第二,北上广深的城市旅游发展水平处于国家前列。疫情之前,2019年,上海和北京的旅游接待人数已远超 3 亿人次,旅游总收入达 6 000 亿元。据广州市人民政府办公厅 2021 年的信息披露,广州计划未来打造多个城市文化新地标、新名片,推出各类经典、特色旅游线路百余条,预计 3q 实现旅游业年接待游客超过 2.7 亿人次,旅游业年度总收入超过 5 000 亿元。2022 年,深圳为促进旅游业发展推出了一系列举措,包括《深圳市旅游业发展"十四五"规划》《关于扎实推动经济稳定增长的若干措施》及《深圳经济特区数字经济财富促进条例》,提出深圳建设具有全球影响力的世界级旅游目的地,鼓励开发数字化旅游产品等。据《2021 世界旅游城市蓝皮书》发布,北上广深均入选世界游客向往的中国城市,可见北京、上海、广州、深圳的都市旅游发展水平相对较高,品牌包容度也因此更广。较好的城市旅游发展水平在一定程度上代表其具有较强吸引力的旅游品牌形象,其城市旅游品牌的塑造和推广也更加完善,内容也更具有参考和研究价值。

通过 4 个城市相关指标的比较与分析,既可以科学把握"上海旅游"品牌在国内主要城市旅游品牌发展中的基本地位,又能够精准实施提升"上海旅游"品牌发展水平和发展质量的有效措施。

(一)北京

作为首都,北京是我国的政治中心、文化中心,是世界著名古都和现代化国际城市。拥有丰富的历史文化和现代旅游资源,对外开放的旅游景点达 200 多处,也是中国"八大古都"之一,拥有 7 项世界遗产,是一座有着三千余年建城历史、八百六十余年建都史的历史文化名城。市内外交通便捷,是中国铁路网的中心之一,北京首都国际机场更是世界规模最大的国际机场。近年来,随着奥运和冬奥在北京成功举办,"双奥之城"给世界展现了阳光、富强、开放、充满希望的国家形象,冰雪产业也丰富了北京旅游市场的发展前景。2022年全年接待旅游总人数1.8亿人次,比上年下降28.5%;实现旅游总收入2 520.3亿元,下降39.5%。其中,接待国内游客1.8亿人次,下降28.6%,国内旅游总收入2 490.9亿元,下降39.8%;接待入境游客24.1万人次,下降1.6%,国际旅游外汇收入4.4亿美元,增长2.3%。

从数据分析来看,北京48个指标得分率的均值为82.11%。其中,高于得分率均值的指标有28个,占比58.33%。具体是旅游收入、5A级景区数量、国家重点文物保护单位数量、剧场和影剧院数量、旅游人次增长率、旅游收入增长率、国际航班通达数、正面新闻报道数、城市声誉、旅游人次、持续关注度、铁路客运量、五星级购物中心数量、重游、市容环境、配套设施质量、旅游形象认同、标识系统质量、谷歌搜索量、人文环境、品牌共鸣、推荐他人、正面口碑、负面口碑、品牌联想、城市宣传片、景区质量和休闲娱乐设施质量。需要指出的是,旅游收入、5A级景区数量、国家重点文物保护单位数量、剧场和影剧院数量、旅游人次增长率、旅游收入增长率、国际航班通达数、正面新闻报道数、城市声誉等9个指标的得分率均列4个城市第一。再次验证了北京的自然、人文、历史旅游资源极其丰厚,是城市旅游品牌发展的强劲支撑。同时,重要的城市地位和广泛的宣传推广活动使得北京在旅游品牌测度中体现较好口碑。

低于得分率均值的指标有20个,占比41.67%。具体是服务技能、认同度、旅游收入占地区生产总值比重、客房平均价格、宣传口号、服务态度、品牌Logo、服务特色、居民友善度、百度人气指数、宾馆质量、社交媒体粉丝数、机场旅客吞吐量、客房平均出租率、溢价游玩、国家级旅游度假区数量、空气质量优良天数、负面新闻报道数、博文点赞数和博文转发量。其中,国家级旅游度假区数量、空气质量优良天数、负面新闻报道数、博文点赞数和博文转发量等5个指标得分率处于或并列4个城市末位。见图3-8。

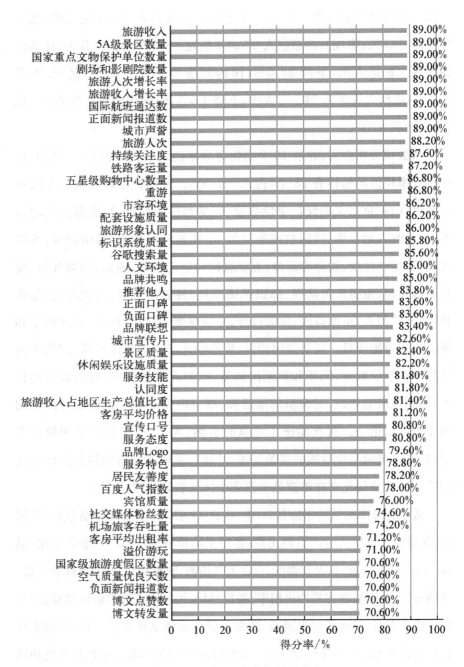

图 3-8 北京 48 个指标的得分率

从"北京旅游"品牌评价指数5个一级指标的权重来看,品牌竞争力指标权重最高(33.85%),其后依次为品牌传播(20.16%)、品牌形象(18.96%)、品牌质量(16.59%)和品牌忠诚(10.44%)。显而易见,品牌竞争力最能体现"北京旅游"品牌的发展水平,是打响"北京旅游"品牌的关键。与此同时,品牌忠诚的权重相对较小,对"北京旅游"品牌发展质量评价的影响相对较小。

通过对北京旅游品牌形象、品牌质量、品牌竞争力、品牌传播、品牌忠诚等5个维度分类指标得分率分析后发现,在现阶段有关北京城市旅游品牌的5个方面维度分类指标得分率的评价数值依次是:品牌竞争力(83.40%)、品牌形象(82.98%)、品牌忠诚(82.20%)、品牌质量(81.75%)、品牌传播(79.52%)。其中,品牌竞争力维度指标得分率最高,这与北京作为首都的城市综合实力水平基本吻合。不过,品牌传播维度指标得分率相对较低,成为当前制约北京城市旅游品牌竞争力的薄弱环节,需要引起重视。见图3-9。

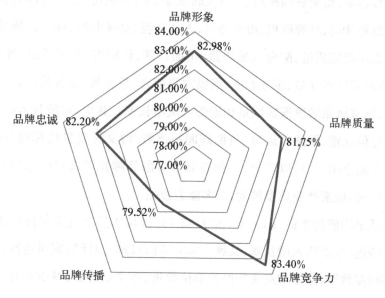

图3-9 北京5个维度分类指标得分率

(二)广州

广州是国际商贸中心和综合交通枢纽,也是我国著名的沿海开放城市和国家综合改革试验区。近年来,特别是广州举办 2010 年亚运会和亚残运会前后,城市建设突飞猛进,打造了一批城市新名片,大大地丰富了广州的旅游资源,使得旅游综合竞争力位列全国副省级城市第一。2022 年全年城市接待过夜旅游人数 3 824.17 万人次,比上年下降 11.2%。其中,入境旅游者 154.12 万人次,下降 6.5%;境内旅游者 3 670.05 万人次,下降 11.4%。在入境旅游人数中,外国人 36.30 万人次,增长 3.6%;香港、澳门和台湾同胞 117.81 万人次,下降 9.2%。旅游业总收入 2 246.03 亿元,下降 22.2%。旅游外汇收入 10.68 亿美元,下降 0.8%。

从数据分析来看,广州 48 个指标得分率的均值为 79.23%。高于均值的指标有 27 个,占比 56.25%,具体是旅游收入占地区生产总值比重、铁路客运量、负面新闻报道数、博文转发量、重游、旅游收入、持续关注度、旅游形象认同、品牌联想、市容环境、人文环境、品牌共鸣、标识系统质量、休闲娱乐设施质量、配套设施质量、正面口碑、认同度、景区质量、推荐他人、机场旅客吞吐量、服务态度、居民友善度、宾馆质量、服务技能、城市宣传片、国家级旅游度假区数量和旅游人次增长率。其中,旅游收入占地区生产总值比重、铁路客运量、负面新闻报道数、博文转发量指标得分率均列 4 个城市第一,可以看出,广州在城市旅游品牌发展进程中,交通优势非常明显,旅游产业规模较大,引客能力较强。

低于均值的指标有 21 个,占比 43.75%,具体是空气质量优良天数、服务特色、旅游收入增长率、品牌 Logo、负面口碑、国际航班通达数、剧场和影剧院数量、国家重点文物保护单位数量、博文点赞数、城市声誉、宣传口号、溢价游玩、谷歌搜索量、旅游人次、客房平均出租率、客房平均价格、

5A 级景区数量、五星级购物中心数量、百度人气指数、正面新闻报道数和社交媒体粉丝数。其中,旅游人次、客房平均出租率、客房平均价格、5A 级景区数量、五星级购物中心数量、百度人气指数、正面新闻报道数和社交媒体粉丝数指标得分率并列末位,说明广州在城市旅游品牌的经营上还缺乏足够的吸引力,尚未形成较强的爆款类旅游产品系列,在游客人次和人气指数等方面还需进一步加强。见图 3-10。

从"广州旅游"品牌评价指数的 5 个一级指标的权重来看,品牌竞争力指标权重最高(32.62%),其后依次为品牌传播(20.21%)、品牌形象(19.25%)、品牌质量(17.17%)和品牌忠诚(10.74%)。显而易见,品牌竞争力最能体现"广州旅游"品牌的发展水平,是打响"广州旅游"品牌的关键。与此同时,品牌质量和品牌忠诚的权重相对较小,对"广州旅游"品牌发展质量评价的影响相对较小。

通过对广州旅游品牌形象、品牌质量、品牌竞争力、品牌传播、品牌忠诚等 5 个维度分类指标得分率分析后发现,在现阶段有关广州城市旅游品牌的 5 个方面维度分类指标得分率的评价数值依次是:品牌质量(81.65%)、品牌忠诚(81.64%)、品牌形象(81.40%)、品牌传播(76.88%)、品牌竞争力(77.53%)。其中,品牌质量和品牌忠诚维度指标得分率较高,彰显了广州城市旅游品牌质量和游客忠诚方面的优势和强势。同时,品牌传播和品牌竞争力维度指标得分率相对较低,成为当前制约广州城市旅游品牌竞争力的薄弱环节,需要进一步加强。见图 3-11。

(三)深圳

深圳是计划单列市,中国设立的第一个经济特区,中国改革开放的窗口和新兴移民城市,也是粤港澳大湾区四大中心城市之一。深圳在中国高新技术产业、金融服务、外贸出口、海洋运输、创意文化等多方面占有重

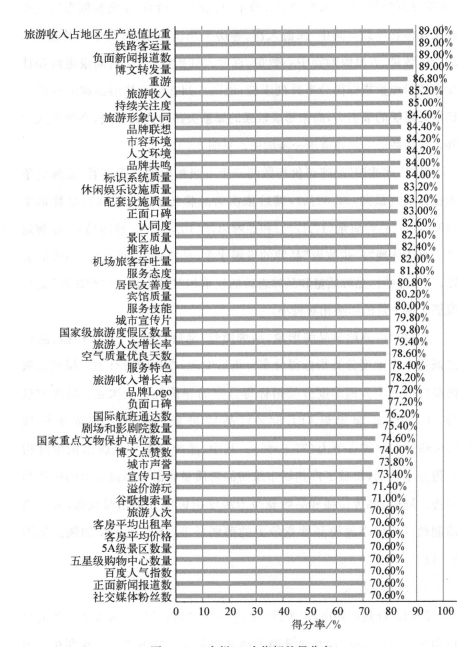

图 3-10　广州 48 个指标的得分率

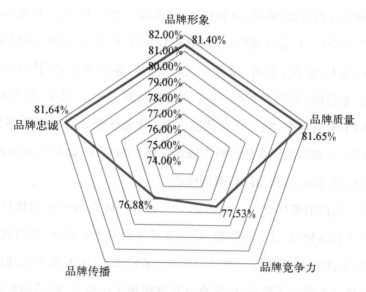

图 3-11 广州 5 个维度分类指标得分率

要地位,也在中国的制度创新、扩大开放等方面肩负着试验和示范的重要使命。深圳处于改革开放的前沿,具有制度优势。同时,深圳的城镇化率达 100%,是中国第一个全部城镇化的城市。但与北京、上海和广州相比,深圳旅游资源相对匮乏。2022 年全年接待入境过夜游客 55.13 万人次,比上年下降 58.1%;国内过夜游客 4 840.90 万人次,下降 22.3%。在过夜入境游客中,外国人 9.09 万人次,下降 34.5%;港澳同胞 42.03 万人次,下降 61.6%;台湾同胞 4.01 万人次,下降 51.0%。全年旅游外汇收入 4.80 亿美元,下降 52.8%,国内旅游收入 1 129.22 亿元,下降 26.4%。宾馆、酒店、度假村开房率 44.3%,比上年下降 7.0 个百分点。

从数据分析来看,深圳 48 个指标得分率的均值为 79.96%。高于均值的指标有 29 个,占比 60.42%,具体是配套设施质量、客房平均出租率、空气质量优良天数、博文点赞数、博文转发量、旅游人次增长率、持续关注度、负面新闻报道数、重游、市容环境、旅游收入增长率、人文环境、品牌联想、旅游形象认同、品牌共鸣、休闲娱乐设施质量、正面口碑、标识系统质量、推荐他人、城市宣传片、服务态度、认同度、景区质量、宣传口号、宾馆质量、服务技能、居民友善度、服务特色和品牌 Logo。其中,配套设施质量、客房平均出租率、空气质量优良天数、博文点赞数指标得分率均列 4个城市第一,表明深圳在建设城市旅游品牌的过程中,比较重视旅游接待设施、城市生态环境和国际口碑的塑造。

低于均值的指标有 19 个,占比 39.58%,具体是客房平均价格、国家级旅游度假区数量、社交媒体粉丝数、五星级购物中心数量、溢价游玩、旅游人次、正面新闻报道数、百度人气指数、旅游收入、旅游收入占地区生产总值比重、5A 级景区数量、国家重点文物保护单位数量、剧场和影剧院数量、铁路客运量、机场旅客吞吐量、国际航班通达数、谷歌搜索量、负面口碑和城市声誉。其中,旅游收入、旅游收入占地区生产总值比重、5A 级景区数量、国家重点文物保护单位数量、剧场和影剧院数量、铁路客运量、机场旅客吞吐量、国际航班通达数、谷歌搜索量、负面口碑和城市声誉指标得分率并列末位,说明深圳游客的旅游消费水平还比较低,仍有较大的潜在消费空间亟待挖掘,同时,城市的文旅产品供给和接待设施建设也存在与需求不适配的现象。见图 3-12。

从"深圳旅游"品牌评价指数的 5 个一级指标的权重来看,品牌竞争力指标权重最高(31.82%),其后依次为品牌传播(20.39%)、品牌形象(19.62%)、品牌质量(17.38%)和品牌忠诚(10.80%)。显而易见,品牌竞争力最能体现"深圳旅游"品牌的发展水平,是打响"深圳旅游"品牌的关键。与广州类似,品牌质量和品牌忠诚的权重相对较小,对"深圳旅游"品牌发展质量评价的影响相对较小。

通过对深圳旅游品牌形象、品牌质量、品牌竞争力、品牌传播、品牌忠

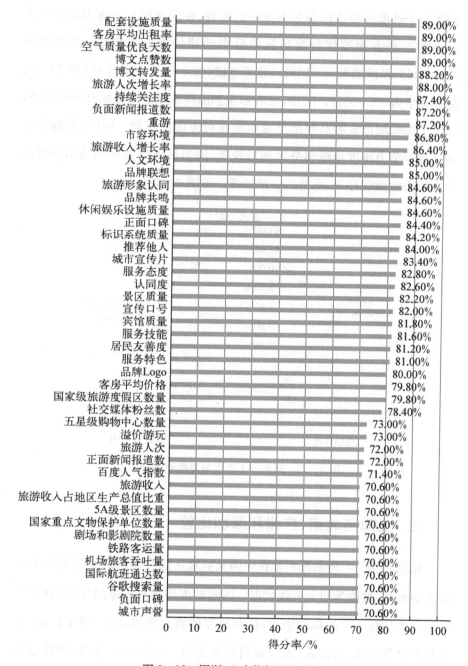

图 3-12 深圳 48 个指标的得分率

诚等 5 个维度分类指标得分率分析后发现,在现阶段有关深圳城市旅游品牌的 5 个方面维度分类指标得分率的评价数值依次是：品牌形象(83.62%)、品牌质量(83.40%)、品牌忠诚(82.84%)、品牌传播(78.24%)、品牌竞争力(76.36%)。其中,品牌形象和品牌质量维度指标得分率较高,彰显了深圳城市旅游品牌形象和质量建设方面的优势。同时,品牌传播和品牌竞争力维度指标得分率相对较低,成为目前制约深圳城市旅游品牌竞争力的薄弱环节,亟待进一步加强。见图 3–13。

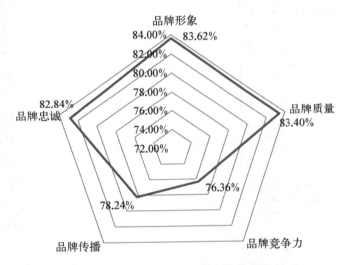

图 3–13 深圳 5 个维度分类指标得分率

三、上海与北京、广州和深圳比较

北京、上海、广州和深圳是在中国大陆地区综合实力和竞争力处于最领先的水平,被称为四大一线城市。四座城市均拥有雄厚的经济基础,以及对周边具有一定的辐射能力,拥有雄厚的教育资源、深厚的文化底蕴,还具有繁华、美丽的夜景,极为便利的交通和独特的城市魅力,同时也是著名的旅游城市。

（一）综合指数比较

按照相同的评价方法、统计法则和计算公式，"北京旅游"品牌的综合指数为 82.08，"上海旅游"品牌的综合指数为 82.03，"深圳旅游"品牌的综合指数为 79.93，"广州旅游"品牌的综合指数为 79.21。显而易见，北京和上海的旅游品牌开始迈入"好"的发展水平，属于第一梯队；深圳和广州的旅游品牌稍显逊色，尚处于"较好"的发展阶段，但和北京、上海的差距不大。该排名和中国社会科学院发布的《中国城市品牌影响力报告（2021）》《中国城市品牌影响力报告（2023）》中 4 个城市的排名次序完全一致，从侧面也反映了该指标体系的科学性和可信度，同时也反映了城市旅游品牌的打造离不开城市品牌的建设基础。如图 3-14 所示。

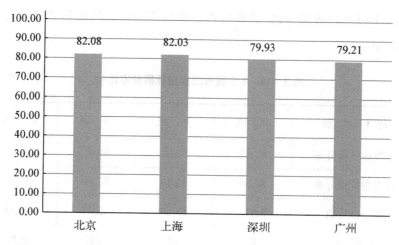

图 3-14 4个城市旅游品牌综合指数比较

从图 3-14 进一步分析发现，"上海旅游"品牌建设成果位列第一梯队，一方面反映了上海都市旅游在近三十年取得的非凡成就，同时也要清晰地看到，不仅和北京相比还存在一定的差距，距离世界著名旅游城市的建设要求更需加倍努力；另一方面也要看到深圳和广州的紧随态势，需要树立一定的"危机"意识，以更加紧迫的态度推进建设进程，以"上海旅游"

品牌建设引领上海旅游业高质量发展,助力上海建设世界著名旅游城市进程。

(二) 两类指标得分率比较

基于"自我审视"(问卷调查等)和"放眼国内"(北上广深比较)两类指标的平均得分率视角,对 4 个城市进行比较,可以进一步发现 4 个城市在旅游品牌建设方面的优势和不足。北京的"自我审视"类指标得分率为82.41%,"放眼国内"类指标得分率为81.84%,均值为82.11%;上海的"自我审视"类指标得分率为80.94%,"放眼国内"类指标得分率为83.06%,均值为82.06%;深圳的"自我审视"类指标得分率为83.41%,"放眼国内"类指标得分率为76.79%,均值为79.96%;广州的"自我审视"类指标得分率为81.61%,"放眼国内"类指标得分率为77.05%,均值为79.23%。见表 3 - 10。

表 3 - 10　4 个城市三类指标得分率比较　　　　　%

指 标 类 型	北 京	上 海	深 圳	广 州
主观指标得分率	82.41	80.94	83.41	81.61
客观指标得分率	81.84	83.06	76.79	77.05
得分率均值	82.11	82.06	79.96	79.23
等级评定	好	好	较好	较好

进一步分析发现,从"自我审视"类指标视角来看,深圳得分率最高,北京位列第二,广州和上海分列第三和第四;从"放眼国内"类指标视角来看,上海得分率最高,北京排名第二,广州和深圳分列第三和第四。一方面,两类指标比较反映了北京、上海和深圳各有优势,上海的"放眼国内"类指标得分率优势明显,反映了都市旅游长期以来积累的建设基础比较

扎实,深圳的"自我审视"类指标得分率优势明显,反映了市场响应度最高,北京的两类指标均列第二位,反映了结构比较均衡。相比之下,广州相对落后。另一方面,均值反映了指标得分率整体上与综合指数成正比,即得分率越高,综合指数越高。

(三)分维度得分率比较

1. 品牌形象维度得分率比较

从品牌形象维度来看,得分率按照由高到低依次为,深圳 83.62%,北京 82.98%,广州 81.40%,上海 80.00%,如图 3-15 所示。

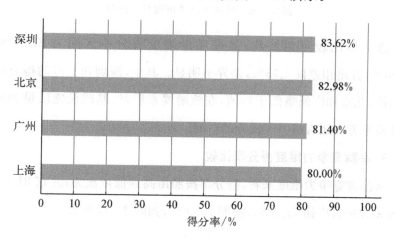

图 3-15　品牌形象维度得分率比较

进一步比较可以发现,品牌形象维度得分率区间为 80.00%~84.00%,首尾相差 3.62%,反映了 4 个城市得分率虽有差异,但差异不大。同时也反映了游客市场对 4 个城市品牌形象的感知差异,深圳和北京得分率高于平均值,广州和上海低于平均值,在品牌形象打造和推广方面仍需努力。

2. 品牌质量维度得分率比较

从品牌质量维度来看,得分率按照由高到低依次为,深圳 83.40%,上海 82.35%,北京 81.75%,广州 81.65%,如图 3-16 所示。

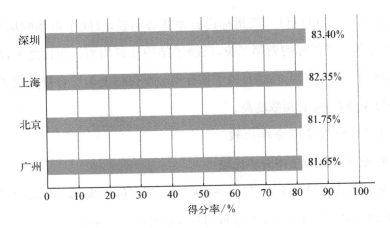

图 3 - 16　品牌质量维度得分率比较

进一步比较可以发现,品牌质量维度得分率区间为 81.00％～84.00％,首尾相差仅 1.75％,差异不明显。其中,深圳和上海的得分率高于均值,北京和广州略低于均值,在旅游要素质量、基础设施质量和旅游服务质量方面还有进一步提升的空间。

3. 品牌竞争力维度得分率比较

从品牌竞争力维度来看,得分率按照由高到低依次为,北京 81.75％,上海 81.71％,广州 77.53％,深圳 76.36％,如图 3 - 17 所示。

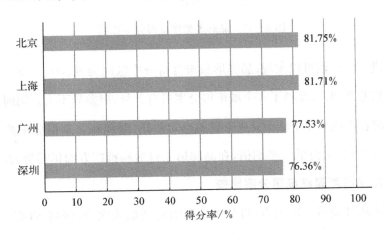

图 3 - 17　品牌竞争力维度得分率比较

进一步比较可以发现,4个城市的品牌竞争力维度得分率区间为76.00%～82.00%,首尾相差5.39%。进一步分析可以看到,北京和上海属于80.00%档,广州和深圳属于70.00%档,反映了北京和上海作为特大城市的资源优势,尤其在品牌活力、品牌吸引力和品牌潜力等方面优势明显。相比较而言,广州和深圳在品牌竞争力方面明显不足。

4. 品牌传播维度得分率比较

从品牌传播维度来看,得分率按照由高到低依次为,上海84.92%,北京79.52%,深圳78.24%,广州76.88%,如图3-18所示。

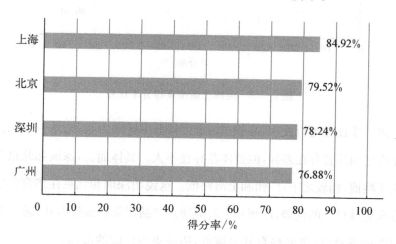

图3-18 品牌传播维度得分率比较

进一步比较可以发现,品牌传播维度得分率区间为76.00%～85.00%,首尾相差8.04%,在5个维度中差异最大。其中上海的优势明显,北京、深圳和广州相对较弱。一方面,反映了上海作为国际大都市在国内外的影响力越来越大,尤其在媒体传播度、关注度和品牌口碑方面的成果开始显现;另一方面,揭示了北京、深圳和广州在该方面还有比较大的发展空间。

5. 品牌忠诚维度得分率比较

从品牌忠诚维度来看,得分率按照由高到低依次为,深圳82.84％,北京82.20％,广州81.64％,上海80.68％,如图3-19所示。

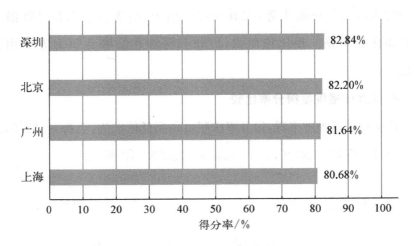

图3-19 品牌忠诚维度得分率比较

进一步比较可以发现,品牌忠诚维度得分率区间为80.00％～83.00％,4个城市之间尽管存在差异,但整体差异性不大。具体而言,深圳和北京得分率高于均值,相较之下,广州和上海略低。这说明深圳和北京在培育忠实游客方面更具自己的优势,广州和上海应通过产品创新和服务提升,进一步提高游客的满意度,进而培育其忠诚度,拓展更为广阔的市场。

(四)48个三级指标得分率比较

在48个三级指标中,上海得分率排名第一的指标11个,在4个城市中排名第三;排名第二的指标10个,在4个城市中排名并列第二;排名第三的指标11个,在4个城市中排名第二;排名第四的指标16个,在4个城市中排名第一。就4个城市比较来看,上海得分率排在第一的指标虽然比较少,但整体比较均衡,反映了上海在自身建设和市场反馈方面齐头并进,协同发展效应较好。见表3-11。

表3-11 4个城市48个三级指标得分率排名情况

城市	第一名		第二名		第三名		第四名		指标数及占比汇总
	指标	指标数及占比	指标	指标数及占比	指标	指标数及占比	指标	指标数及占比	
上海	休闲娱乐设施质量、标识系统识质量、旅游人次、房平均价格、国家级旅游度假区数量、五星级购物中心数量、机场旅客吞吐量、百度指数、社交媒体搜索数、负面口碑	11 22.92%	配套设施质量、客房平均出租率、5A级景区数量、国家重点文物保护单位数量、剧院和影剧院数量、剧院数量、空气质量优良天数、国际航班通达数、正面新闻报道数、博文点赞数、城市声誉	10 20.83%	宣传口号、城市宣传片、市容环境、宾馆质量、服务技能、服务特色、旅游收入、旅游人次占地区生产总值比重、铁路客运量、负面新闻报道数、博文转发量	11 22.92%	品牌Logo、人文环境、居民友善度、旅游形象认同、品牌共鸣、想、景区质量、服务态度、旅游人次增长率、旅游收入增长率、正面口碑、持续关注度、重游、认同度、推荐他人、溢价游玩	16 33.33%	48 100%
北京	人文环境、旅游形象认同、品牌共鸣、标识系统识质量、景区系统质量、服务技能、旅游人次、5A级景区数量、国家重点文物保护单位数量、剧院和影剧院数量、旅	16 33.33%	品牌Logo、宣传口号、城市宣传片、市容环境、服务特色、客房平均价格、旅游收入占地区生产总值比重、五星级购物中心数量、铁路客运量、百度指数	16 33.33%	居民友善度、品牌联想、配套设施质量、客服务态度、服务技能、房平均出租率、机场旅客吞吐量、社交媒体粉丝数、认同度、溢价游玩	9 18.75%	宾馆质量、休闲娱乐设施质量、国家级旅游度假区优良、空气质量优良、天数、负面新闻报道数、博文点赞数、博文转发量	7 14.59%	48 100%

续 表

城市	第一名 指标	第一名 指标数及占比	第二名 指标	第二名 指标数及占比	第三名 指标	第三名 指标数及占比	第四名 指标	第四名 指标数及占比	指标数及占比汇总
北京	游人次增长率、旅游收入增长率、国际航班通达数、正面新闻报道数、城市声誉、持续关注度		气指数、谷歌搜索量、正面口碑、负面口碑、重游、推荐他人						
广州	景区质量、旅游收入占地区生产总值比重、铁路客运量占比重、负面新闻报道数、博文转发量、认同度	6 12.51%	居民友善度、旅游形象认同、品牌联想、宾馆质量、服务态度、旅游收入、国家级旅游假区数量、机场旅客吞吐量、重游、溢价游玩	10 20.83%	品牌Logo、人文环境、品牌共鸣、休闲娱乐设施质量、服务技能、服务特色、国家重点文物保护单位数量、5A级景区数量、剧院数量、剧场和影剧院数量、空气质量优良天数、旅游人次、人次增长率、国际航班通达数、谷歌搜索量、博文推荐他人、正面口碑、负面口碑、城市声誉、持续关注度	20 41.66%	宣传口号、城市宣传片、市容环境、配套设施质量、标识系统质量、旅游人次、客房平均出租率、五星级客房平均价格、百度人气指数、正面新闻报道数、社交媒体粉丝数	12 25.00%	48 100%

续表

城市	第 一 名		第 二 名		第 三 名		第 四 名		指标数及占比汇总
	指标	指标数及占比	指标	指标数及占比	指标	指标数及占比	指标	指标数及占比	
深圳	品牌Logo、宣传片、口号、城市宣传片、市容环境、人文环境、居民友善度、品牌联想、宾馆质量、配套设施质量、服务态度、客房平均价格、空气质量、出租率、优良天数、正面口碑、认同度、重游、推荐他人、溢价游玩	19 39.58%	旅游形象认同、品牌共鸣、休闲娱乐设施质量、旅游技能、国家级旅游度假区数量、旅游人次增长率、旅游收入增长率、负面新闻报道数、社交媒体粉丝数、博文转发数、持续关注度	11 22.92%	景区质量、标识系统质量、旅游人次、客房平均价格、5A级景区数量、五星级购物中心数量、百度人气指数、正面新闻报道数	8 16.67%	旅游收入、旅游收入占地区生产总值比重、国家重点文物保护单位数量、剧场和影剧院数量、铁路客运量、机场旅客吞吐量、国际航班通达数、谷歌搜索量、城市声誉碑、负面口碑	10 20.83%	48 100%

（五）4个城市三级指标得分率

1. 北京 48 个三级指标得分率

在 48 个三级指标中,最高得分率为 89.00％,共 9 个指标,分别是旅游收入、5A 级景区数量、国家重点文物保护单位数量、剧场和影剧院数量、旅游人次增长率、旅游收入增长率、国际航班通达数、正面新闻报道数和城市声誉;最低得分率为 70.60％,包括国家级旅游度假区数量、空气质量优良天数、负面新闻报道数、博文点赞数、博文转发量等 5 个指标。见图 3-20。

从 4 个城市比较来看,北京得分率排在第一位的指标有 16 个,占比 33.33％,包括人文环境、旅游形象认同、品牌共鸣、景区质量、标识系统质量、服务技能、旅游收入、5A 级景区数量、国家重点文物保护单位数量、剧场和影剧院数量、旅游人次增长率、旅游收入增长率、国际航班通达数、正面新闻报道数、城市声誉、持续关注度;排在第二位的 16 个,占比 33.33％,包括品牌 Logo、宣传口号、城市宣传片、市容环境、服务特色、旅游人次、客房平均价格、旅游收入占地区生产总值比重、五星级购物中心数量、铁路客运量、百度人气指数、谷歌搜索量、正面口碑、负面口碑、重游、推荐他人;排在第三位的 9 个,占比 18.75％,包括居民友善度、品牌联想、配套设施质量、服务态度、客房平均出租率、机场旅客吞吐量、社交媒体粉丝数、认同度、溢价游玩;排在第四位的 7 个,占比 14.59％,包括宾馆质量、休闲娱乐设施质量、国家级旅游度假区数量、空气质量优良天数、负面新闻报道数、博文点赞数、博文转发量。见表 3-11。

2. 上海 48 个三级指标得分率

在 48 个三级指标中,最高得分率为 89.00％,共 9 个指标,分别是旅游人次、客房平均价格、国家级旅游度假区数量、五星级购物中心数量、机

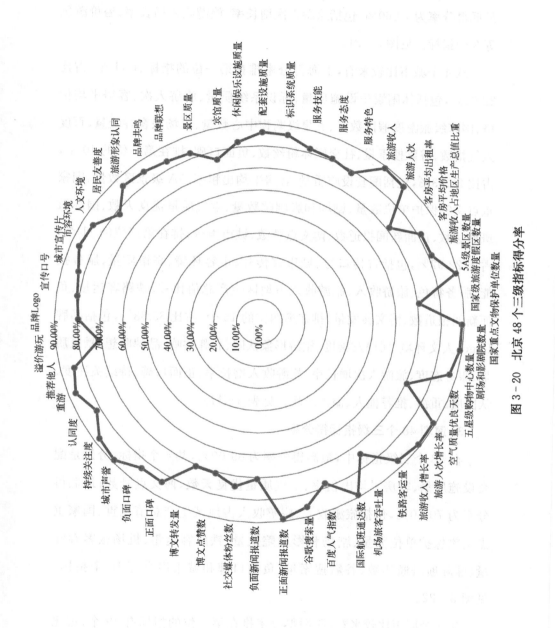

图 3 - 20 北京 48 个三级指标得分率

场旅客吞吐量、百度人气指数、谷歌搜索量、负面口碑、社交媒体粉丝数；最低得分率为 70.60％,包括旅游人次增长率、旅游收入增长率、溢价游玩等 3 个指标。见图 3－21。

从 4 个城市比较来看,上海得分率排在第一位的指标有 11 个,占比 22.92％,包括休闲娱乐设施质量、标识系统质量、旅游人次、客房平均价格、国家级旅游度假区数量、五星级购物中心数量、机场旅客吞吐量、百度人气指数、谷歌搜索量、社交媒体粉丝数、负面口碑;排在第二位的 10 个,占比 20.83％,包括配套设施质量、客房平均出租率、5A 级景区数量、国家重点文物保护单位数量、剧场和影剧院数量、空气质量优良天数、国际航班通达数、正面新闻报道数、博文点赞数、城市声誉;排在第三位的 11 个,占比 22.92％,包括宣传口号、城市宣传片、市容环境、宾馆质量、服务技能、服务特色、旅游收入、旅游收入占地区生产总值比重、铁路客运量、负面新闻报道数、博文转发量;排在第四位的 16 个,占比 33.33％,包括品牌 Logo、人文环境、居民友善度、旅游形象认同、品牌共鸣、品牌联想、景区质量、服务态度、旅游人次增长率、旅游收入增长率、正面口碑、持续关注度、认同度、重游、推荐他人、溢价游玩。见表 3－11。

3. 深圳 48 个三级指标得分率

在 48 个三级指标中,最高得分率为 89.00％,共 4 个指标,分别是配套设施质量、客房平均出租率、空气质量优良天数、博文点赞数;最低得分率为 70.60％,包括旅游收入、旅游收入占地区生产总值比重、国家重点文物保护单位数量、剧场和影剧院数量、铁路客运量、机场旅客吞吐量、国际航班通达数、谷歌搜索量、负面口碑和城市声誉等 10 个指标。见图 3－22。

从 4 个城市比较来看,深圳得分率排在第一位的指标有 19 个,占比 39.58％,包括品牌 Logo、宣传口号、城市宣传片、市容环境、人文环境、居

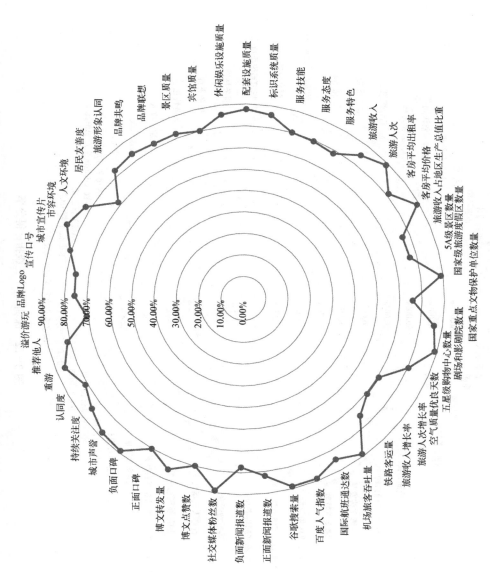

图 3 - 21 上海 48 个三级指标得分率比较

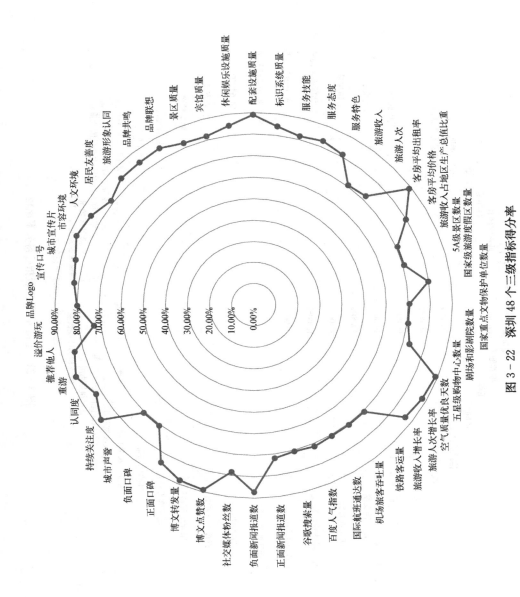

图 3-22 深圳 48 个三级指标得分率

民友善度、品牌联想、宾馆质量、配套设施质量、服务态度、服务特色、客房平均出租率、空气质量优良天数、博文点赞数、正面口碑、认同度、重游、推荐他人、溢价游玩;排在第二位的 11 个,占比 22.92%,包括旅游形象认同、品牌共鸣、休闲娱乐设施质量、服务技能、国家级旅游度假区数量、旅游人次增长率、旅游收入增长率、负面新闻报道数、社交媒体粉丝数、博文转发数、持续关注度;排在第三位的 8 个,占比 16.67%,包括景区质量、标识系统质量、旅游人次、客房平均价格、5A 级景区数量、五星级购物中心数量、百度人气指数、正面新闻报道数;排在第四位的 10 个,占比 20.83%,包括旅游收入、旅游收入占地区生产总值比重、国家重点文物保护单位数量、剧场和影剧院数量、铁路客运量、机场旅客吞吐量、国际航班通达数、谷歌搜索量、负面口碑、城市声誉。见表 3-11。

4. 广州 48 个三级指标得分率

在 48 个三级指标中,最高得分率为 89.00%,共 4 个指标,分别是旅游收入占地区生产总值比重、铁路客运量、负面新闻报道数、博文转发量;最低得分率为 70.60%,包括旅游人次、客房平均出租率、客房平均价格、五星级购物中心数量、百度人气指数、正面新闻报道数、社交媒体粉丝数等 7 个指标。见图 3-23。

从 4 个城市比较来看,广州得分率排在第一位的指标有 6 个,占比 12.51%,包括景区质量、旅游收入占地区生产总值比重、铁路客运量、负面新闻报道数、博文转发量、认同度;排在第二位的 10 个,占比 20.83%,包括居民友善度、旅游形象认同、品牌联想、宾馆质量、服务态度、旅游收入、国家级旅游度假区数量、机场旅客吞吐量、重游、溢价游玩;排在第三位的 20 个,占比 41.66%,包括品牌 Logo、人文环境、品牌共鸣、休闲娱乐设施质量、服务技能、服务特色、5A 级景区数量、国家重点文物保护单位数量、剧场和影剧院数量、空气质量优良天数、旅游人次增长率、旅游收入增长

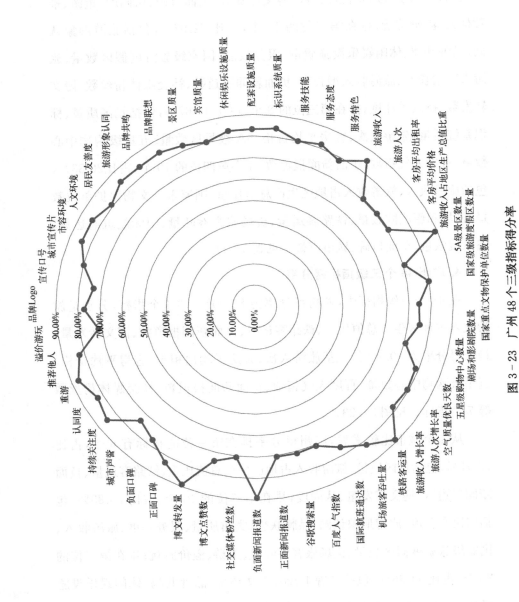

图 3 - 23　广州 48 个三级指标得分率

率、国际航班通达数、谷歌搜索量、博文点赞数、推荐他人、正面口碑、负面口碑、城市声誉、持续关注度；排在第四位的 12 个，占比 25.00%，包括宣传口号、城市宣传片、市容环境、配套设施质量、标识系统质量、旅游人次、客房平均出租率、客房平均价格、五星级购物中心数量、百度人气指数、正面新闻报道数、社交媒体粉丝数。见表 3-11。

（六）4 个城市三级指标得分率比较

通过对 4 个城市 48 个三级指标得分率的进一步比较分析，有助于厘清上海与北京、广州和深圳相比在城市旅游品牌发展上的微观差异，以及未来的发展趋势，为提出更加针对性的对策建议提供坚实基础。见表 3-12。

表 3-12 4 个城市 48 个三级指标得分率比较

三级指标	北京		上海		广州		深圳	
	得分率/%	排名	得分率/%	排名	得分率/%	排名	得分率/%	排名
品牌 Logo	79.60	2	75.60	4	77.20	3	80.00	1
宣传口号	80.80	2	75.80	3	73.40	4	82.00	1
城市宣传片	82.60	2	80.60	3	79.80	4	83.40	1
市容环境	86.20	2	86.00	3	84.20	4	86.80	1
人文环境	85.00	1	82.20	4	84.20	3	85.00	1
居民友善度	78.20	3	71.40	4	80.80	2	81.20	1
旅游形象认同	86.00	1	82.60	4	84.60	2	84.60	2
品牌共鸣	85.00	1	83.60	4	84.00	3	84.60	2
品牌联想	83.40	3	82.20	4	84.40	2	85.00	1
景区质量	82.40	1	82.00	4	82.40	1	82.20	3

续 表

三级指标	北 京		上 海		广 州		深 圳	
	得分率/%	排名	得分率/%	排名	得分率/%	排名	得分率/%	排名
宾馆质量	76.00	4	80.00	3	80.20	2	81.80	1
休闲娱乐设施质量	82.20	4	85.60	1	83.20	3	84.60	2
配套设施质量	86.20	3	87.60	2	83.20	4	89.00	1
标识系统质量	85.80	1	85.80	1	84.00	4	84.20	3
服务技能	81.80	1	80.00	3	80.00	3	81.60	2
服务态度	80.80	3	79.40	4	81.80	2	82.80	1
服务特色	78.80	2	78.40	3	78.40	3	81.00	1
旅游收入	89.00	1	84.80	3	85.20	2	70.60	4
旅游人次	88.20	2	89.00	1	70.60	4	72.00	3
客房平均出租率	71.20	3	81.00	2	70.60	4	89.00	1
客房平均价格	81.20	2	89.00	1	70.60	4	79.80	3
旅游收入占地区生产总值比重	81.40	2	76.60	3	89.00	1	70.60	4
5A级景区数量	89.00	1	76.80	2	70.60	3	70.60	3
国家级旅游度假区数量	70.60	4	89.00	1	79.80	2	79.80	2
国家重点文物保护单位数量	89.00	1	75.80	2	74.60	3	70.60	4
剧场和影剧院数量	89.00	1	86.20	2	75.40	3	70.60	4
五星级购物中心数量	86.80	2	89.00	1	70.60	4	73.00	3
空气质量优良天数	70.60	4	80.40	2	78.60	3	89.00	1

三级指标	北　京		上　海		广　州		深　圳	
	得分率/%	排名	得分率/%	排名	得分率/%	排名	得分率/%	排名
旅游人次增长率	89.00	1	70.60	4	79.40	3	88.00	2
旅游收入增长率	89.00	1	70.60	4	78.20	3	86.40	2
铁路客运量	87.20	2	75.00	3	89.00	1	70.60	4
机场旅客吞吐量	74.20	3	89.00	1	82.00	2	70.60	4
国际航班通达数	89.00	1	84.60	2	76.20	3	70.60	4
百度人气指数	78.00	2	89.00	1	70.60	4	71.40	3
谷歌搜索量	85.60	2	89.00	1	71.00	3	70.60	4
正面新闻报道数	89.00	1	82.00	2	70.60	4	72.00	3
负面新闻报道数	70.60	4	77.60	3	89.00	1	87.20	2
社交媒体粉丝数	74.60	3	89.00	1	70.60	4	78.40	2
博文点赞数	70.60	4	79.80	2	74.00	3	89.00	1
博文转发量	70.60	4	85.40	3	89.00	1	88.20	2
正面口碑	83.60	2	80.20	4	83.00	3	84.40	1
负面口碑	83.60	2	89.00	1	77.20	3	70.60	4
城市声誉	89.00	1	88.20	2	73.80	3	70.60	4
持续关注度	87.60	1	84.60	4	85.00	3	87.40	2
认同度	81.80	3	81.00	4	82.60	1	82.60	1
重游	86.80	2	86.00	4	86.80	2	87.20	1
推荐他人	83.80	2	81.20	4	82.40	3	84.00	1
溢价游玩	71.00	3	70.60	4	71.40	2	73.00	1

1. 品牌 Logo 指标

品牌 Logo 即品牌标志,是指品牌中可以被认出、易于记忆但不能用言语称谓的部分,具体包括符号、图案或明显的色彩或字体,又称"品标"。品牌 Logo 与品牌名称都是构成完整的品牌概念的要素。品牌 Logo 自身能够创造品牌认知、品牌联想和消费者的品牌偏好,进而影响品牌体现的质量与顾客的品牌忠诚度。品牌 Logo 是一种"视觉语言",它通过一定的图案、颜色来向消费者传输某种信息,以达到识别品牌、促进销售的目的。品牌 Logo 自身能够创造品牌认知、品牌联想和消费者的品牌偏好,进而影响品牌体现的品质与顾客的品牌忠诚度。

从品牌 Logo 指标得分率高低看,依次为深圳、北京、广州、上海,得分率分别为 80.00%、79.60%、77.20%、75.60%。其中深圳最高,上海最低。这反映了上海旅游的品牌 Logo 还存在一定的提升空间,在品牌 Logo 设计中,除了最基本的平面设计和创意要求外,还必须考虑营销因素和消费者的认知、情感心理等因素,设计出极具视觉冲击力的品牌 Logo,直抵游客的内心。见图 3-24。

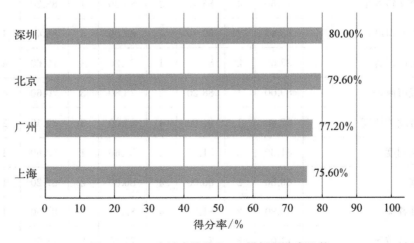

图 3-24 4 个城市品牌 Logo 指标得分率比较

2. 宣传口号指标

一般来讲,宣传口号是一种简短、有纲领性和鼓动作用的语句,用于口头宣传或印刷传播。宣传口号通常用于商业、文化、旅游等领域,以传达特定的信息或理念。从宣传口号指标得分率高低来看,依次为深圳、北京、上海和广州,得分率分别为 82.00%、80.80%、75.80%、73.40%。相对而言,上海和广州的宣传口号设计效果不够理想,需要引起关注和进一步完善。见图 3-25。

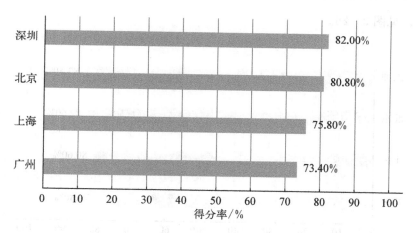

图 3-25 4 个城市宣传口号指标得分率比较

3. 城市宣传片指标

在我国,城市宣传片起始于 20 世纪末。作为一种电视传媒形式和手段。城市宣传片以强烈的视觉冲击力和影像震撼力树立城市形象,概括性地展现一座城市历史文化和地域文化特色,被称作一个城市或地域宣传的视觉名片。随着新媒体信息的发展和国民文化素质的整体提升,人们对各类影像信息的欣赏能力不断提高,作为文化创意产业的一个领域,城市宣传片也在不断发展变化,逐渐从最初的传统说教形式,向一种有情节的微电影形式转变,并越来越多地应用于城市旅游的宣传和推广。

从城市宣传片指标得分率高低看,依次为深圳、北京、上海和广州,得分率分别为83.40%、82.60%、80.60%、79.80%。具体来看,深圳、北京和上海的得分率高于80.00%,广州略低。4个城市宣传片指标得分率排序与宣传口号完全一致,这一方面说明上海和广州的城市宣传片在城市旅游推介中的作用还有待进一步加强,另一方面也反映了城市宣传片的推广效果与宣传口号的设计存在较高的关联性,应该整体性考虑、系统性设计。见图3-26。

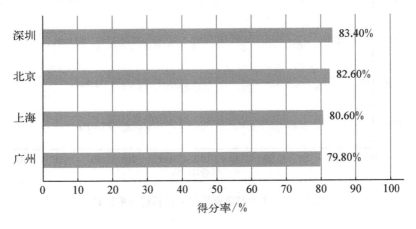

图3-26 4个城市宣传片指标得分率比较

4. 市容环境指标

市容环境是构筑城市形象框架的基石,它美化着城市形象的外观,展示着城市形象的整体,肩负着净化城市环境,服务城市经济发展使命,是城市发展的重要基础,也是展示城市现代化水平、提升城市综合功能的关键。因此,市容环境指标既是城市形象的重要表征,也是城市旅游品牌形象的重要组成部分,还是亿万外来游客在城市从事旅游活动最直接的形象感受之一。

从市容环境指标得分率高低看,依次为深圳、北京、上海、广州,得分率分别为 86.80%、86.20%、86.00%、84.20%。就整体而言,游客对深圳、北京和上海的市容环境更加认可,广州在市容环境方面还需进一步加强。见图 3 - 27。

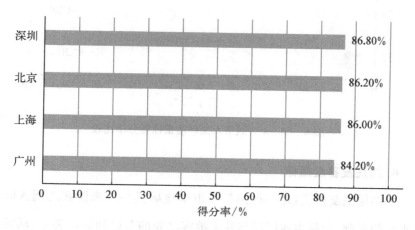

图 3 - 27 4 个城市市容环境指标得分率比较

5. 人文环境指标

人文环境可以定义为一定社会系统内外文化变量的函数,文化变量包括共同体的态度、观念、信仰系统、认知环境等。人文环境是社会本体中隐藏的无形环境,是一种潜移默化的民族灵魂。按照新发展理念和正确的政绩观,对一个地方经济社会发展的评价,不仅要看其经济指标,还要看其人文环境指标。良好的人文环境已经成为游客选择城市旅游目的地的重要影响因素。

从人文环境指标得分率高低看,深圳和北京并列第一,得分率为85.00%,广州位列第三,得分率为 84.20%,略低于深圳和北京,上海最低,得分率为 82.20%。横向比较来看,上海的人文环境建设亟需进一步加强。见图 3 - 28。

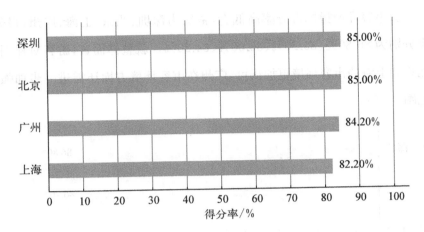

图 3-28 4个城市人文环境指标得分率比较

6. 居民友善度指标

所谓居民友善度,是一种测量城市本地居民与外来游客之间人际关系水平的标准,包括本地居民与外来游客之间的友好和融洽关系、活跃的参与度与发现的机会。作为城市旅游服务"软实力"的重要组成部分,城市居民友善度正在成为引客与留客的利器。

从居民友善度指标得分率高低看,依次为深圳、广州、北京、上海,得分率分别为 81.20%、80.80%、78.20%、71.40%。整体来看,深圳和广州得分率高于 80.00%,北京略低,上海最低,这一方面反映了在建设国际化大都市过程中,相对于硬件设施的建设,包括居民友善度在内的软件服务的提升难度更大,另一方面也反映了游客对北京、上海等超大型城市的软件建设水平给予了更高的期望。见图 3-29。

7. 旅游形象认同指标

对于旅游目的地而言,旅游形象的塑造具有举足轻重的作用。大量实践证明,个性鲜明、亲切感人的旅游地形象是形成庞大旅游市场的源泉,并可以在旅游市场上形成较长时间的垄断地位。这里的旅游形象认

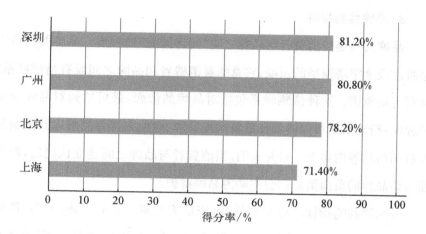

图3-29 4个城市居民友善度指标得分率比较

同是指,通过文化形象、景观形象和建筑形象的叠加,构成城市旅游的综合形象,并对游客感知城市形象构成"晕轮效应",对游客感知城市特色、感受环境氛围、认同城市文化、激发游览兴趣等方面发挥积极作用。

从旅游形象认同指标得分率高低看,北京得分率最高,为86.00%,深圳和广州并列第二,得分率为84.60%,上海最低,得分率为82.60%。可见,上海在旅游形象打造和目的地营销方面还需进一步加强。见图3-30。

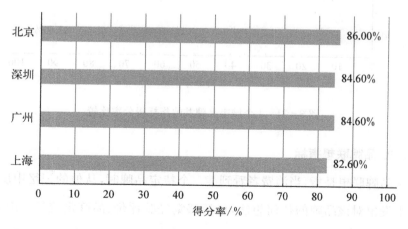

图3-30 4个城市旅游形象认同指标得分率比较

8. 品牌共鸣指标

品牌共鸣是指消费者与品牌之间"同喜同悲"的程度。品牌共鸣位于品牌建设金字塔模型的顶端,它意味着消费者和品牌之间既有情感联系,又有行动承诺。这种情感联系包括对品牌的依恋,最后达到对品牌至爱的程度;行动承诺可以体现在重复购买品牌、向他人推荐品牌以及抵制品牌负面信息等内容上。研究表明,当消费者与品牌之间建立认同后,即使面对该品牌的负面消息也会主动为品牌辩护。

从品牌共鸣指标得分率高低看,依次为北京、深圳、广州、上海,得分率分别为85.00%、84.60%、84.00%、83.60%。相比较而言,上海的品牌共鸣得分率还比较低,今后需要进一步加强品牌建设和传播,获得游客的认可。见图3-31。

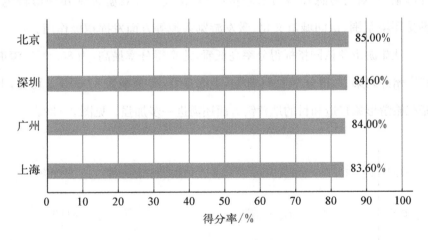

图3-31 4个城市品牌共鸣指标得分率比较

9. 品牌联想指标

品牌联想是指,当消费者看到某一个特定品牌时,从他的记忆中所能被引发出对该品牌的任何想法,包括感觉经验评价、品牌定位等。因此,品牌联想是任何与品牌记忆相连接的事物,是人们对品牌的想法、感受及期望等一连串的集合,可反映出品牌的人格或产品的认知。

从品牌联想指标得分率高低看,依次为深圳、广州、北京、上海,得分率分别为 85.00%、84.40%、83.40%、82.20%。4 个城市得分率虽有差异,但差异不大。但同时也提示上海在城市旅游品牌联想方面还有进一步提升的空间。见图 3 - 32。

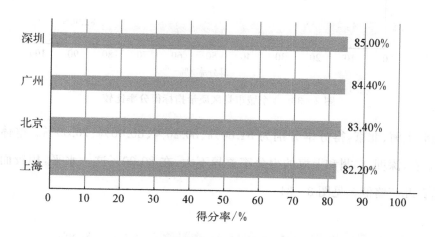

图 3 - 32 4 个城市品牌联想指标得分率比较

10. 景区质量指标

这里的景区质量接近于《旅游景区质量等级的划分与评定》中的游客好评率,通过对 4 个城市的游客开展问卷调查获取。从景区质量指标得分率高低看,北京和广州并列第一,得分率为 82.40%,深圳位列第三,得分率为 82.20%,上海略低,得分率为 82.00%。4 个城市景区质量指标的得分率差异仅为 0.40%,充分反映了城市旅游的发展一定依赖于城市的整体资源优势。见图 3 - 33。

11. 宾馆质量指标

这里的宾馆质量是指游客对城市宾馆设施和服务的整体感知水平,通过问卷调查数据获得。从宾馆质量指标得分率高低看,依次为深圳、广

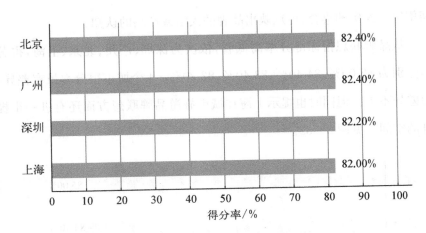

图3-33　4个城市景区质量指标得分率比较

州、上海、北京,得分率分别为81.80%、80.20%、80.00%、76.00%。整体来看,深圳、广州和上海的得分率差异不大,在80.00%这一水平,相较而言,北京略低。见图3-34。

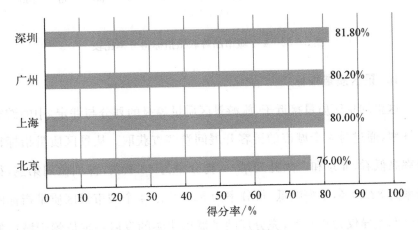

图3-34　4个城市宾馆质量指标得分率比较

12. 休闲娱乐设施质量指标

这里的休闲娱乐设施质量是指游客对城市休闲娱乐设施和服务的整体感知水平,通过问卷调查数据获得。从休闲娱乐设施质量指标得分率高低看,依次为上海、深圳、广州、北京,得分率依次为 85.60%、84.60%、83.20%、82.20%。4 个城市之间得分率由高到低基本呈现级差数列,反映了上海在休闲娱乐设施建设方面积累了较好的基础,并获得了游客的整体认可,后续需要进一步维持并强化这一优势。见图3-35。

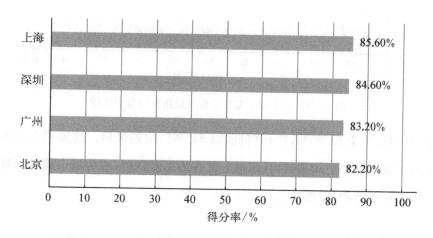

图 3-35 4 个城市休闲娱乐设施质量指标得分率比较

13. 配套设施质量指标

这里的配套设施质量是指游客对城市交通等配套设施和服务的整体感知水平,通过问卷调查数据获得。从配套设施质量指标得分率高低看,依次为深圳、上海、北京、广州,得分率依次为 89.00%、87.60%、86.20%、83.20%。与深圳相比较,上海的配套设施质量还有进一步提升的空间。见图 3-36。

14. 标识系统质量指标

这里的标识系统质量是指游客对城市标识系统的整体感知水平,通过问卷调查数据获得。从标识系统质量指标得分率高低看,依次为北京、上海、深圳、广州,其中北京和上海并列第一,得分率均为 85.80%,深圳排

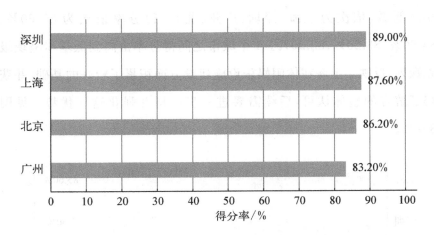

图 3-36　4 个城市配套设施质量指标得分率比较

第三,得分率为 84.20%,广州略低,以 84.00% 位列最后。这说明北京和上海的标识系统更加完善,且获得了游客的高度认可,成为城市旅游品牌竞争力的加分项,应继续保持。见图 3-37。

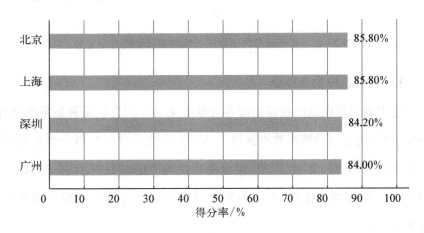

图 3-37　4 个城市标识系统质量指标得分率比较

15. 服务技能指标

服务技能是指在服务顾客时需要用到的技能,是构成服务素质的一个最重要的组成部分。具体包括业务技能和沟通技能等。按照服务技能

指标得分率高低看,北京和深圳分列第一和第二,得分率分别为 81.80%
和 81.60%,广州和上海并列第三,得分率均为 80.00%。尽管 4 个城市的
服务技能指标得分率差异不大,但从上海建设世界著名旅游城市和打响
服务品牌的角度来看,在服务技能提升方面仍需努力。见图 3 - 38。

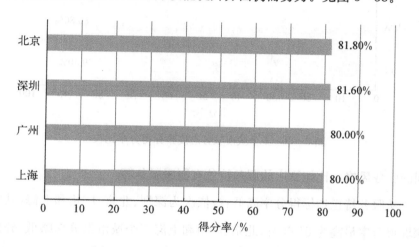

图 3 - 38 4 个城市服务技能指标得分率比较

16. 服务态度指标

所谓服务态度是指服务人员对服务对象的心理倾向。因此,不同的理
解会带来不同的态度表现,进而产生不同的服务行为,形成不同的服务效
果。"顾客就是上帝"本质上就是对服务态度提出的总体要求。从服务态度
指标得分率高低看,依次为深圳、广州、北京、上海,得分率分别为 82.80%、
81.80%、80.80%、79.40%。其中,上海最低,反映了服务态度已经成为上海
旅游品牌发展质量的制约性因素,需要引起关注和重视。见图 3 - 39。

17. 服务特色指标

服务特色是对服务特性的一种特有描述,是一种具有独特魅力的服
务。服务特色是服务企业在长期的营销活动中,结合所提供服务的特点,
企业所处的人文地理环境和顾客的需求,而有目的地形成的一种与众不

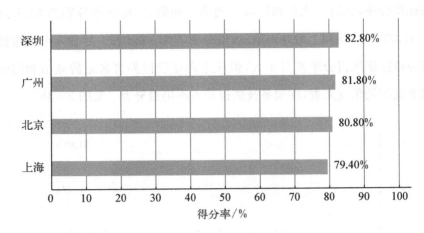

图 3 - 39　4 个城市服务态度指标得分率比较

同的服务风格。比如酒店的服务特色有制服服务等。

　　从服务特色指标得分率高低看,依次为深圳、北京、广州和上海,其中深圳得分率最高为 81.00%,北京、广州和上海三个城市得分率略低,分别为 78.80%、78.40%、78.40%。这一方面反映了 4 个城市的服务特色水平有待整体提升,另一方面反映了上海的服务特色水平与其精细化管理与服务的要求之间还存在不小的差距,亟需改善。见图 3 - 40。

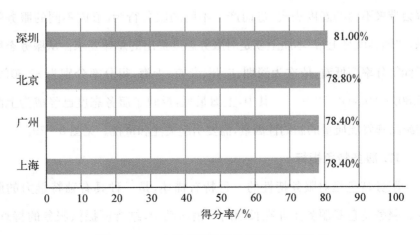

图 3 - 40　4 个城市服务特色指标得分率比较

18. 旅游收入指标

旅游收入是指一个城市在一定时间内(本报告以1年为计算单位)通过销售旅游产品所获得全部收入。旅游收入是衡量一个城市旅游发展程度和旅游经济效益的重要指标。从旅游收入指标得分率高低看,依次为北京、广州、上海、深圳,其中前三位的得分率均超过了80.00%,分别为89.00%、85.20%、84.80%,深圳最低,仅为70.60%。通过与2022年指标得分率比较发现,北京和广州分别由第二和第三位跃升至第一和第二位,上海则由第一位下降至第三位。这一方面反映了2022年疫情对旅游业产生的深刻影响,另一方面也反映了旅游收入与城市规模和等级之间存在一定的关系。见表3-13和图3-41。

表3-13 2022年和2023年4个城市旅游收入指标得分率比较

年份	北 京		上 海		广 州		深 圳	
	得分率/%	排名	得分率/%	排名	得分率/%	排名	得分率/%	排名
2022	85.39	2	87.20	1	85.07	3	67.60	4
2023	89.00	1	84.80	3	85.20	2	70.60%	4

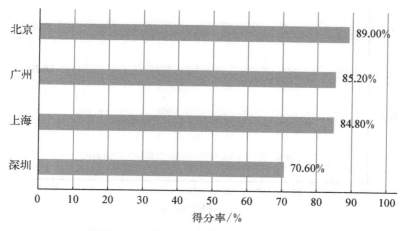

图3-41 4个城市旅游收入指标得分率比较

19. 旅游人次指标

旅游人次是指一定时期内(本报告以 1 年为统计单位)旅游者在一个城市活动次数的总和。旅游人次是衡量一个国家或地区旅游业发达水平和市场活力的重要尺度之一。从旅游人次指标得分率高低看,依次为上海、北京、深圳、广州,其中上海和北京得分率较高,分别为 89.00%、88.20%,深圳和广州得分率较低,分别为 72.00% 和 70.60%。通过与 2022 年相比,北京排名由第二上升至第一,上海排名由第一下降为第二,广州和深圳的位次没有变化。综合 4 个城市的旅游收入指标得分率及排名来看,上海游客的人均消费水平还有待进一步提高。见表 3-14 和图 3-42。

表 3-14 2022 年和 2023 年 4 个城市旅游人次指标得分率比较

年份	北 京		上 海		广 州		深 圳	
	得分率 /%	排名	得分率 /%	排名	得分率 /%	排名	得分率 /%	排名
2022	81.85	2	87.20	1	67.60	4	68.30	3
2023	89.00	1	88.20	2	70.60	4	72.00	3

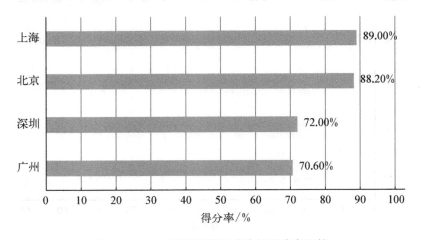

图 3-42 4 个城市旅游人次指标得分率比较

20. 客房平均出租率指标

客房平均出租率是指宾馆/酒店已出租的客房数与可以提供租用的房间总数的百分比,是反映宾馆/酒店经营状况的一项重要指标。在通常情况下,出租率越高,说明宾馆/酒店市场客源越好;在平均房价不变的情况下,出租率越高,表明宾馆/酒店的营业状况越好。从客房出租率指标得分率高低看,依次为深圳、上海、北京、广州,其中深圳和上海的得分率比较高,分别为89.00%和81.00%,北京和广州则较低,分别为71.20%和70.60%。与2022年得分率相比较,深圳依旧领先,位居第一,上海由第三跃升至第二,北京由第四跃升至第三,广州表现不佳,由第二下降至第四。见表3-15和图3-43。

表3-15 2022年和2023年4个城市客房平均出租率指标得分率比较

年份	北 京		上 海		广 州		深 圳	
	得分率/%	排名	得分率/%	排名	得分率/%	排名	得分率/%	排名
2022	67.60	4	77.67	3	85.31	2	87.20	1
2023	71.20	3	81.00	2	70.60	4	89.00	1

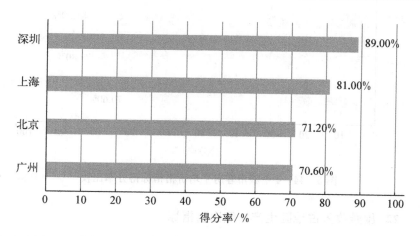

图3-43 4个城市客房平均出租率指标得分率比较

21. 客房平均价格指标

客房平均价格是指宾馆/酒店客房总收入与宾馆/酒店出租客房数的比值。客房平均价格是分析宾馆/酒店市场经营活动效益的重要指标。从客房平均价格指标得分率高低看,依次为上海、北京、深圳、广州,得分率分别为89.00%、81.20%、79.80%、70.60%。与2022年得分率相比较,排名没有变化。这反映了上海的物价水平持续领先,与后面的溢价游玩指标得分率排名形成相互印证。见表3-16和图3-44。

表3-16 2022年和2023年4个城市客房平均价格指标得分率比较

年份	北 京		上 海		广 州		深 圳	
	得分率/%	排名	得分率/%	排名	得分率/%	排名	得分率/%	排名
2022	78.26	2	87.20	1	67.60	4	75.16	3
2023	81.20	2	89.00	1	70.60	4	79.80	3

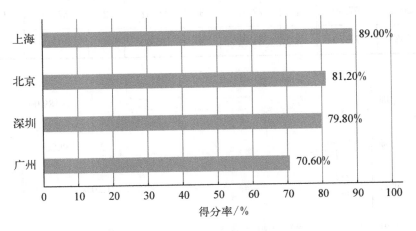

图3-44 4个城市客房平均价格指标得分率比较

22. 旅游收入占地区生产总值比重指标

旅游收入占地区生产总值比重是衡量旅游及相关行业对地区经济发

展影响力的程度。从旅游收入占地区生产总值比重指标得分率高低看,依次为广州、北京、上海、深圳,得分率分别为89.00%、81.40%、76.60%、70.60%。与2022年指标得分率相比较,整体变化较大,广州跃升至第一位,深圳则下降至最后,北京和上海各跃升一位。见表3-17和图3-45。

表3-17 2022年和2023年4个城市旅游收入占地区生产总值比重指标得分率比较

年份	北 京		上 海		广 州		深 圳	
	得分率/%	排名	得分率/%	排名	得分率/%	排名	得分率/%	排名
2022	68.80	3	67.60	4	68.80	3	87.20	1
2023	81.40	2	76.60	3	89.00	1	70.60	4

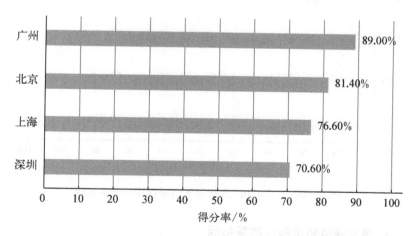

图3-45 4个城市旅游收入占地区生产总值比重指标得分率比较

23. 5A级景区数量指标

从一般意义上讲,5A级景区代表了一个城市最具吸引力的旅游资源,也是一个城市旅游品牌吸引力的最直接体现。从5A级景区数量指标得分率高低看,依次为北京、上海、深圳、广州,得分率分别为89.00%、

76.80%、70.60%、70.60%。与2022年相比,4个城市的排序没有变化。显而易见,北京的5A级景区数量占据显著优势,上海、深圳和广州在这方面仍需加强。见表3-18和图3-46。

表3-18 2022年和2023年4个城市5A级景区数量指标得分率比较

年份	北京		上海		广州		深圳	
	得分率/%	排名	得分率/%	排名	得分率/%	排名	得分率/%	排名
2022	87.20	1	70.87	2	67.60	3	67.60	3
2023	89.00	1	76.80	2	70.60	3	70.60	3

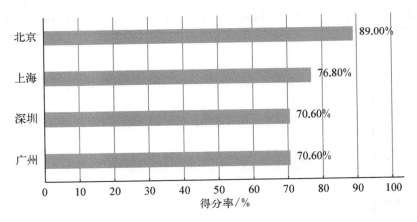

图3-46 4个城市5A级景区数量指标得分率比较

24. 国家级旅游度假区数量指标

根据《旅游度假区等级划分》(GB/T 26358-2022),旅游度假区是指,以提供住宿、餐饮、购物、康养、休闲、娱乐等度假旅游服务为主要功能,有明确空间边界和独立管理运营机构的集聚区。旅游度假区等级从低到高分为省级旅游度假区和国家级旅游度假区2个等级。因此,国家级旅游度假区数量在很大程度上反映了一个城市旅游资源的综合实力,正在成为城市旅游品牌建设的重要支撑。

从国家级旅游度假区数量指标得分率高低看,依次为上海、深圳、广州、北京,得分率分别为 89.00%、79.80%、79.80%、70.60%。上海在该指标方面暂时处于领先地位,但随着新标准的出台和实施,各地建设速度将会加快,还需进一步保持。见图 3-47。

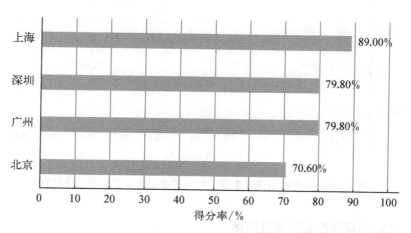

图 3-47 4个城市国家级旅游度假区数量指标得分率比较

25. 国家重点文物保护单位数量指标

根据《中华人民共和国文物保护法》,古文化遗址、古墓葬、古建筑、石窟寺、石刻、壁画、近代现代重要史迹和代表性建筑等不可移动文物,根据它们的历史、艺术、科学价值,可以分别确定为全国重点文物保护单位,省级文物保护单位,市、县级文物保护单位。可见,国家重点文物保护单位数量不仅反映了城市的人文旅游资源等级水平,更加彰显了城市的历史文化底蕴和文脉的延续,是城市旅游品牌的文化内核。

从国家重点文物保护单位数量指标得分率高低看,依次为北京、上海、广州、深圳,得分率分别为 89.00%、75.80%、74.60%、70.60%。得分率排序基本上反映了 4 个城市的人文旅游资源现状,也预示着上海、广州和深圳 3 个城市在资源有限的情况下,如何加强文旅深度融合,如何最大程度发挥好有限的国家重点文物保护单位在文旅促进经济复苏中的作用,将是未来一段时期需要着重思考的重点问题。见图 3-48。

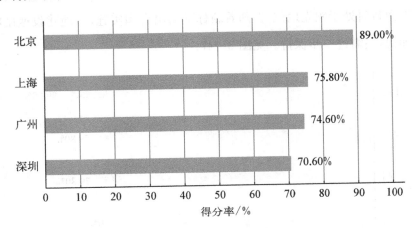

图 3-48　4 个城市国家重点文物保护单位数量指标得分率比较

26. 剧场和影剧院数量指标

通常来看,剧场和影剧院数量属于城市的休闲旅游服务与接待场所,是城市休闲旅游发展的内在驱动力,在一定程度上反映了城市的休闲旅游接待能力。从剧场和影剧院数量指标得分率高低看,依次为北京、上海、广州、深圳,得分率分别为 89.00%、86.20%、75.40%、70.60%。一方面反映了北京、上海建设世界著名旅游城市和国际化文化大都市的良好基础,同时也反映了上海在这方面还有进一步提升的空间。见图 3-49。

27. 五星级购物中心数量指标

2019 年,中国房地产业协会商业和旅游地产专业委员会从设计规划、硬件设施、运营管理、消费体验四个维度,首次评定了国内五星级购物中心。同一年按照四个批次共确定了 15 个城市 33 个五星级购物中心。作为城市购物场所的重要组成部分,五星级购物中心数量一方面反映了城

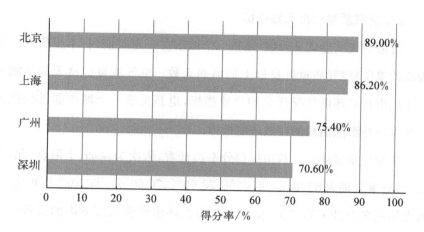

图 3-49　4个城市剧场和影剧院数量指标得分率比较

市满足游客旅游购物的基础设施配置情况,另一方面也可以反映城市旅游接待设施激发旅游消费活力的能力。

从五星级购物中心数量指标得分率高低看,依次为上海、北京、深圳、广州,得分率分别为 89.00%、86.80%、73.00%、70.60%。充分反映了在打响"上海购物"品牌建设的带动下,上海提供各类商品与服务购买的能力和独特优势。见图 3-50。

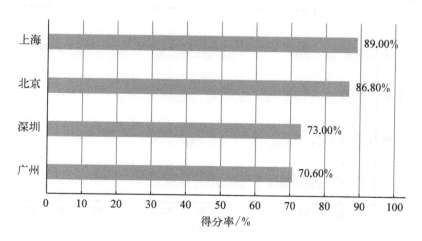

图 3-50　4个城市五星级购物中心数量指标得分率比较

28. 空气质量优良天数指标

所谓空气质量优良天数,是指一个城市在一定时期内(本报告以一年为统计单位)空气质量优良以上的监测天数。空气质量优良天数是测度一个城市自然环境状况优劣的重要指标,也是反映一个城市能够提供人们从事户外游憩活动的自然环境指标。

从空气质量优良天数指标得分率高低看,依次为深圳、上海、广州、北京,得分率分别为89.00%、80.40%、78.60%、70.60%。与2022年相比,上海由第三名上升至第二位,反映了上海在环境综合治理方面的成效日益显现。见表3-19和图3-51。

表3-19　2022年和2023年4个城市空气质量
优良天数指标得分率比较

年份	北　京		上　海		广　州		深　圳	
	得分率/%	排名	得分率/%	排名	得分率/%	排名	得分率/%	排名
2022	67.60	4	77.27	3	80.75	2	87.20	1
2023	70.60	4	80.40	2	78.60	3	74.13	3

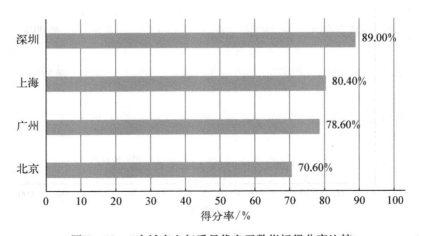

图3-51　4个城市空气质量优良天数指标得分率比较

29. 旅游人次增长率指标

所谓旅游人次增长率,是指一个城市在一定时期内(本报告以 1 年为统计单位)接待的旅游人次与上年同期进行比较的结果。旅游人次增长率高低揭示出一个城市旅游产业发展的基本状况与旅游市场演变的基本态势。

从旅游人次增长率指标得分率高低看,依次为北京、深圳、广州、上海,得分率分别为 89.00%、88.00%、79.40%、70.60%。与 2022 年相比,北京和上海的排位互换,上海由第一落后至第四。这主要受 2022 年新冠疫情的影响。见表 3-20 和图 3-52。

表 3-20 2022 年和 2023 年 4 个城市旅游人次增长率指标得分率比较

年份	北　京		上　海		广　州		深　圳	
	得分率/%	排名	得分率/%	排名	得分率/%	排名	得分率/%	排名
2022	67.60	4	87.20	1	69.77	3	71.56	2
2023	89.00	1	70.60	4	79.40	3	88.00	2

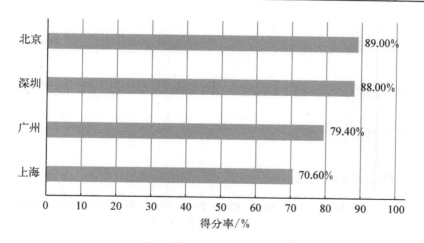

图 3-52 4 个城市旅游人次增长率指标得分率比较

30. 旅游收入增长率指标

所谓旅游收入增长率,是指一个城市在一定时期内(本报告以1年为统计单位)与上年同期旅游收入比较的结果。旅游收入增长率是反映一个城市旅游经济发展效益的重要指标。

从旅游收入增长率指标得分率高低看,依次为北京、深圳、广州、上海,得分率分别为89.00%、86.40%、78.20%、70.60%。与2022年相比,上海与深圳的排位互换,上海由第二位下降至第四位,主要受2022年新冠疫情的影响。见表3-21和图3-53。

表3-21 2022年和2023年4个城市旅游收入增长率指标得分率比较

年份	北京		上海		广州		深圳	
	得分率/%	排名	得分率/%	排名	得分率/%	排名	得分率/%	排名
2022	87.20	1	77.13	2	69.83	3	67.60	4
2023	89.00	1	70.60	4	78.20	3	86.40	2

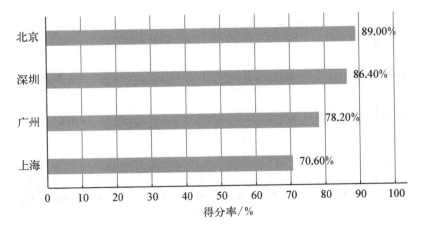

图3-53 4个城市旅游收入增长率指标得分率比较

31. 铁路客运量指标

铁路客运量是指一定时期内(本报告以1年为统计单位)铁路运送的旅客人数,是反映铁路旅客运输的基本产量指标。是反映一个城市旅客运输能力的重要指标,也是游客进出一个城市从事旅游活动便捷性与通达性的重要交通基础。

从指标得分率高低看,依次为广州、北京、上海、深圳,得分率分别为89.00%、87.20%、75.00%、70.60%。与2022年相比,北京和上海的排序互换,上海由第二降至第三,主要原因是受2022年新冠疫情的影响。见表3-22和图3-54。

表 3-22 2022 年和 2023 年 4 个城市铁路客运量指标得分率比较

年份	北 京		上 海		广 州		深 圳	
	得分率/%	排名	得分率/%	排名	得分率/%	排名	得分率/%	排名
2022	75.99	3	81.94	2	87.20	1	67.60	4
2023	87.20	2	75.00	3	89.00	1	70.60	4

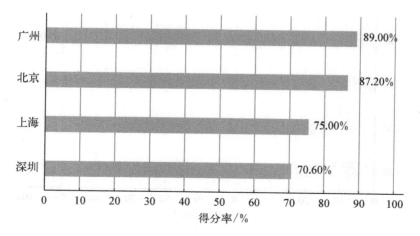

图 3-54 4 个城市铁路客运量指标得分率比较

32. 机场旅客吞吐量指标

所谓机场旅客吞吐量,是指一个城市机场飞机进、出范围的旅客数量。它是衡量一个地区经济社会发展程度、文明程度、开放程度和活跃程度的重要标志,也是反映中远程游客活跃度的重要指标。

从旅客吞吐量指标得分率高低看,依次为上海、广州、北京、深圳,得分率分别为 89.00%、82.00%、74.20%、70.60%。与 2022 年相比,北京和广州排序互换,上海依旧保持第一。特别是在新冠疫情的严重影响下,依旧第一的排名彰显了上海在航空接待基础设施建设水平和接待能力上的领先地位和独特优势。见表 3-23 和图 3-55。

表 3-23　2022 年和 2023 年 4 个城市机场旅客吞吐量指标得分率比较

年份	北　京		上　海		广　州		深　圳	
	得分率/%	排名	得分率/%	排名	得分率/%	排名	得分率/%	排名
2022	82.67	2	87.20	1	70.22	3	67.60	4
2023	74.20	3	89.00	1	82.00	2	70.60	4

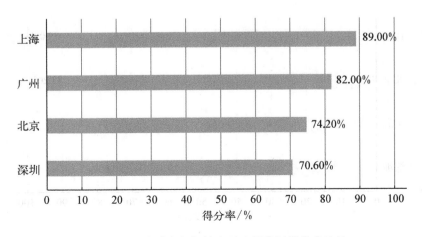

图 3-55　4 个城市机场旅客吞吐量指标得分率比较

33. 国际航班通达数指标

所谓国际航班通达数,是指一个城市机场国际航班进出数量的总和。国际航班通达数是衡量一个城市国际化程度的典型指标,而国际化程度是城市发展潜力中最具代表性的核心要素之一。一般而言,一个城市与其他国家和地区国际航班通达数量越多,表明该城市国际化程度越高,入境旅游发展潜力越大;反之,则国际化程度较低,入境旅游发展潜力较小。

从国际航班通达数指标得分率高低看,依次为北京、上海、广州、深圳,得分率分别为89.00%、84.60%、76.20%、70.60%。与2022年相比,排序没有变化。其中,北京得分率最高,深圳最低。可见在国际航班通达数指标方面,北京体现一定的优势。同时,上海在这一指标方面的优势同样比较明显。见表3-24和图3-56。

表3-24 2022年和2023年4个城市国际航班通达数指标得分率比较

年份	北 京		上 海		广 州		深 圳	
	得分率/%	排名	得分率/%	排名	得分率/%	排名	得分率/%	排名
2022	87.20	1	86.22	2	82.30	3	67.60	4
2023	89.00	1	84.60	2	76.20	3	70.60	4

34. 百度人气指数指标

百度人气指数是以百度网页搜索和百度新闻搜索为基础的海量数据分析服务,通过"城市名称+旅游"的百度人气指数搜索,可以在一定程度上反映4座城市在过去一段时间里所获得的国内旅游市场游客关注度和媒体关注度。

从百度人气指数指标得分率高低看,依次为上海、北京、深圳、广州,

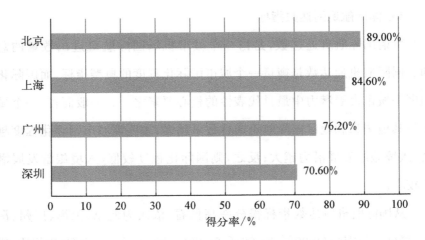

图 3－56　4 个城市国际航班通达数指标得分率比较

得分率分别为 89.00％、78.00％、71.40％、70.60％。与 2022 年相比,上海和北京排名互换,深圳和广州排名互换,上海跃升至第一。这充分说明了上海克服疫情影响的重重困难,借助线上举办上海旅游节等重大活动,获得了国内旅游市场游客和媒体的高度关注。见表 3－25 和图 3－57。

表 3－25　2022 年和 2023 年 4 个城市百度人气指数指标得分率比较

年份	北　京		上　海		广　州		深　圳	
	得分率/%	排名	得分率/%	排名	得分率/%	排名	得分率/%	排名
2022	87.20	1	84.23	2	71.16	3	67.60	4
2023	78.00	2	89.00	1	70.60	4	71.40	3

35. 谷歌搜索量指标

谷歌作为全球最重要的搜索引擎之一,通过观察"城市英文名称＋travel"的谷歌搜索热度,大致可以在一定程度上判断一个城市在国际市

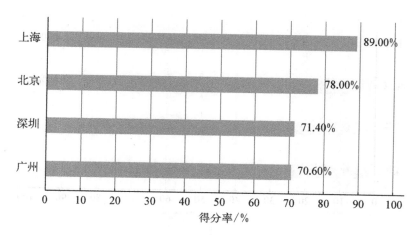

图 3-57 4 个城市百度人气指标得分率比较

场上的品牌传播的热度。从谷歌搜索量指标得分率高低看,依次为上海、北京、广州、深圳,得分率分别为 89.00%、85.60%、71.00%、70.60%。与2022 年相比,上海和深圳排名互换,北京和广州排名互换,上海以 89.00%的得分率高居第一位。反映了上海不仅收到国内游客和媒体的高度关注,在国际市场上也获得了高度关注,为进一步开拓国际旅游市场奠定了良好基础。见表 3-26 和图 3-58。

表 3-26 2022 年和 2023 年 4 个城市谷歌搜索量指标得分率比较

年份	北 京		上 海		广 州		深 圳	
	得分率/%	排名	得分率/%	排名	得分率/%	排名	得分率/%	排名
2022	73.36	3	67.60	4	84.43	2	87.20	1
2023	85.60	2	89.00	1	71.00	3	70.60	4

36. 正面新闻报道数指标

所谓正面新闻报道,是指新闻媒体倡导某种现象、观点或事件,以保持一定的社会道德水平和社会秩序。通过正面新闻报道数量的高低,从一个

119

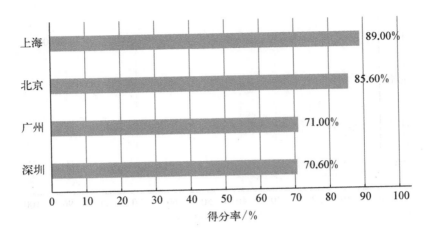

图 3-58 4 个城市谷歌搜索量指标得分率比较

侧面用以衡量 4 座城市旅游品牌市场形象的传播情况。关于城市正面新闻报道数量越多,一定程度上说明城市品牌形象的正面传播效果越好。

从正面新闻报道数指标得分率高低看,依次为北京、上海、深圳、广州,得分率分别为 89.00%、82.00%、72.00%、70.60%。与 2022 年相比,4 个城市在该指标维度的排名没有变化,北京依旧保持良好的城市品牌形象的正面传播效果,上海在这方面也呈现出较好的表现,但与北京还有一定的差距,需要继续提升。见表 3-27 和图 3-59。

表 3-27　2022 年和 2023 年 4 个城市正面新闻报道数指标得分率比较

年份	北　京		上　海		广　州		深　圳	
	得分率/%	排名	得分率/%	排名	得分率/%	排名	得分率/%	排名
2022	87.20	1	79.86	2	71.36	3	67.60	4
2023	89.00	1	82.00	2	72.00	3	70.60	4

37. 负面新闻报道数指标

所谓负面新闻报道,是指新闻媒体对某一现象、行为进行揭露和批

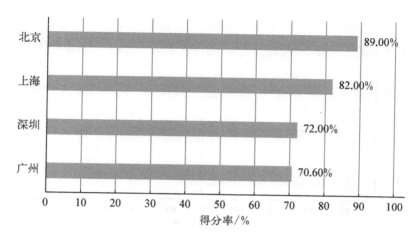

图 3-59 4 个城市正面新闻报道数指标得分率比较

判,引发人们的深入思考。通过负面新闻报道数量高低,用以测量 4 座城市旅游品牌形象的负面传播情况。这里的负面新闻报道数,是作为评价的负向指标。指标得分越高,代表媒体对该城市的负面报道数量越少,对城市品牌形象的负面影响力越低;反之,则对城市品牌形象的负面影响力越大。

从负面新闻报道数指标得分率高低看,依次为广州、深圳、上海、北京,得分率分别为 89.00%、87.20%、77.60%、70.60%。与 2022 年相比,上海下降 2 位,排名第三,深圳跃升 1 位,排名第二。这反映出上海在高度获得国内外市场和媒体关注的同时,也容易暴露出存在的一些薄弱环节,需要引起重视和改善。见表 3-28 和图 3-60。

表 3-28 2022 年和 2023 年 4 个城市负面新闻报道数指标得分率比较

年份	北 京		上 海		广 州		深 圳	
	得分率/%	排名	得分率/%	排名	得分率/%	排名	得分率/%	排名
2022	69.88	4	87.20	1	87.20	1	75.45	3
2023	70.60	4	77.60	3	89.00	1	87.20	2

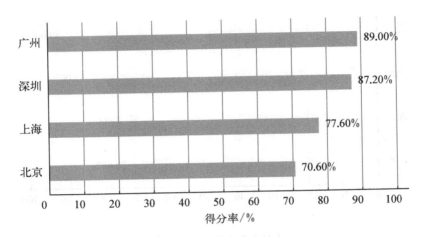

图 3 - 60　4 个城市负面新闻报道数指标得分率比较

38. 社交媒体粉丝数指标

社交媒体粉丝数主要包括微博和抖音两部分内容。近年来,微博、抖音成了网民传递信息、表达情感、记录生活的重要手段,因而其粉丝量、点赞数等成为衡量网络宣传效果的重要指标。与此同时,微博、抖音等平台数据也是城市信息化传播的统计量和网民认可度指标,对促进城市名片的虚拟 IP 打造、数据信息的网络增值、城市特色的推广具有重要的现实意义。利用社交媒体粉丝进行宣传是当代一种新颖的营销方式和网络途径,可以有效提升和扩大城市旅游的品牌知名度与品牌影响力。

从社交媒体粉丝指标得分率高低看,依次为上海、深圳、北京、广州,得分率分别为 89.00%、78.40%、74.60%、70.60%。与 2022 年相比,北京和深圳的排序互换,深圳跃升 1 位,上海依旧高居第一位。反映了上海更加注重利用社交媒体粉丝进行宣传,并取得了较好的效果。见表3 - 29 和图 3 - 61。

表 3‐29　2022 年和 2023 年 4 个城市社交媒体粉丝数指标得分率比较

年份	北 京		上 海		广 州		深 圳	
	得分率/%	排名	得分率/%	排名	得分率/%	排名	得分率/%	排名
2022	70.43	2	87.20	1	67.60	4	67.73	3
2023	74.60	3	89.00	1	70.60	4	78.40	2

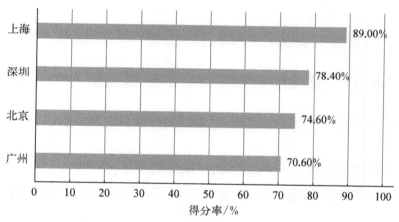

图 3‐61　4 个城市社交媒体粉丝数指标得分率比较

39. 博文点赞数指标

博文点赞数是目前比较公认的衡量城市旅游品牌在网络上宣传推广效果的一个标准。博文点赞数越多,就表示该公众号所刊发的有关该城市旅游宣传内容越受欢迎,也说明公众对该城市旅游品牌的关注度越高;反之,则关注度越低。

从博文点赞数指标得分率高低看,依次为深圳、上海、广州、北京,得分率分别为 89.00%、79.80%、74.00%、70.60%。与 2022 年相比,上海由第三跃升至第二,广州由第四跃升至第三,北京则由第二降至第四。这说明上海在过去一个年度更加注重博文的质量提升,获得越来越多的关注和认可。见表 3‐30 和图 3‐62。

表 3－30　2022 年和 2023 年 4 个城市博文点赞数指标得分率比较

年份	北 京		上 海		广 州		深 圳	
	得分率/%	排名	得分率/%	排名	得分率/%	排名	得分率/%	排名
2022	73.75	2	69.06	3	67.60	4	87.20	1
2023	70.60	4	79.80	2	74.00	3	89.00	1

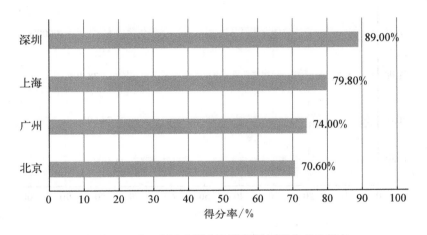

图 3－62　4 个城市博文点赞数指标得分率比较

40. 博文转发量指标

对一个城市而言,依托有关社交媒体,发布旅游博文的数量或转发量越高,说明公众对该城市旅游品牌的关注度越高;反之,则越低。比如上海文旅局以"乐游上海"为统一官方用户名,在新浪微博、腾讯微博、新民网微博、天涯论坛、微信等多个新媒体平台同步宣推信息,进行新媒体推广,品牌传播效果显著。

从 4 座城市社交媒体粉丝指标得分率高低看,依次为广州、深圳、上海、北京,得分率分别为 89.00%、88.20%、85.40%、70.60%。与 2022 年相比,上海由第一位降至第三位,北京由第三位降至第四位,广州后来者居上,跃升至第一位。这反映了在流量时代,各大城市利用新媒体进行营销的竞争越来越激烈,上海在这方面丝毫不能懈怠。见表3－31和图3－63。

表3－31　2022年和2023年4个城市博文转发量指标得分率比较

年份	北　京		上　海		广　州		深　圳	
	得分率/%	排名	得分率/%	排名	得分率/%	排名	得分率/%	排名
2022	69.07	3	87.20	1	67.60	4	70.27	2
2023	70.60	4	85.40	3	89.00	1	88.20	2

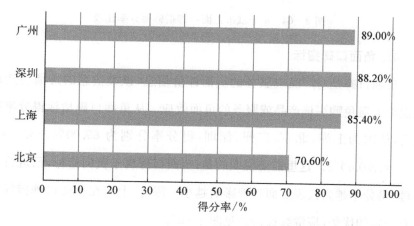

图3－63　4个城市博文转发量指标得分率比较

41. 正面口碑指标

正面口碑主要表现为消费者称赞企业或产品及传播满意的消费经验的行为。因此,正面口碑指标得分率越高,表明游客对该城市旅游产品、服务及传播满意的程度越高,反之亦然。

从正面口碑指标得分率高低看,依次为深圳、北京、广州、上海,得分率分别为84.40％、83.60％、83.00％、80.20％。横向比较来看,4个城市的得分率虽然都在80.00％以上,但上海的得分率略低,暴露了上海在正面口碑宣传上还存在薄弱环节,需要进一步加强。见图3－64。

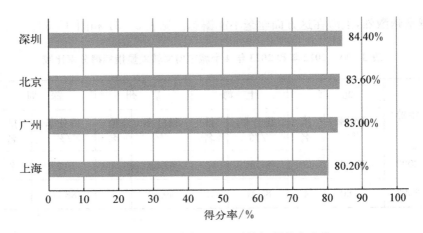

图 3 - 64　4 个城市正面口碑指标得分率比较

42. 负面口碑指标

负面口碑是对产品或服务的负面评价信息,该类信息的传播会造成劝说他人避免购买该产品或服务的负面效应。从负面口碑指标得分率高低看,依次为上海、北京、广州、深圳,得分率分别为 89.00%、83.60%、77.20%、70.60%。这里需要说明的是,负面口碑属于负向指标,已进行过处理,得分率越高代表负面口碑影响越小。因此,上海在负面口碑指标上具有一定的优势,应继续保持。见图 3 - 65。

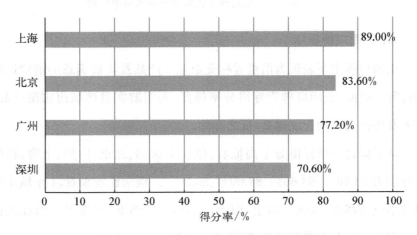

图 3 - 65　4 个城市负面口碑指标得分率比较

43. 城市声誉指标

所谓城市声誉,主要是指社会大众和各类利益相关者对城市构成要素的综合性评价,重在美誉度和信任度。城市声誉是衡量城市软硬环境的重要指标,是对城市品牌形象的综合认证。该指标由 GaWC 全球城市分级排名、全球金融中心指数和世界城市 500 强排名等 3 个指标的评价值综合构成。从 3 个指标的评价排名中大致可以观察到北京、上海、广州和深圳 4 个城市在国际市场中的基本位置。

根据北京、上海、广州和深圳等 4 个城市在 3 个国际排名中的评价值,经过综合计算后,形成 4 个城市关于城市声誉指标的得分率,依次为上海、北京、深圳和广州。其中,北京得分率最高,上海次之,广州排在第三,深圳最低。可见在城市声誉指标方面,北京和上海优势较为明显,广州和深圳略低。见图 3-66。

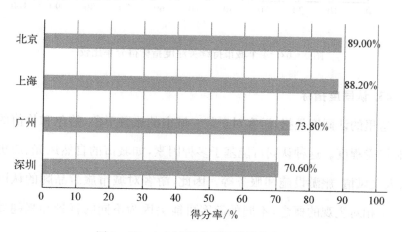

图 3-66 4 个城市声誉指标得分率比较

44. 持续关注度指标

这里的持续关注度可以理解为城市旅游品牌在一段时间内受到游客的持续关注和关心,这种关注度不仅仅是基于短暂的兴趣或新鲜感,而是能够持续地吸引游客的注意力,并使他们愿意为之付出时间、精力或资源。

从持续关注度指标得分率高低看,依次为北京、深圳、广州、上海,得分率分别为87.60%、87.40%、85.00%、84.60%。就总体来看,4个城市的持续关注度指标得分率差异不大,但上海在这方面略显不足,需要分析背后的原因,进一步加强和改善。见图3－67。

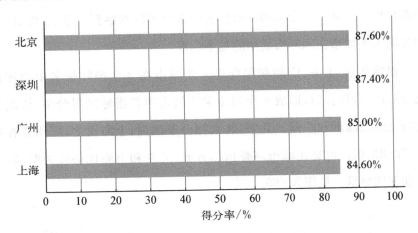

图3-67　4个城市持续关注度指标得分率比较

45. 认同度指标

这里的认同度是指,游客对于某一城市的旅游形象、特色和价值的认知和接受程度。这种认同可能基于多种因素,如城市的自然风光、历史文化、人文风情、旅游设施和服务等。因此,游客对城市旅游品牌的认同度是一个相对主观的概念,不同的游客可能会因为不同的背景和兴趣而对同一城市产生不同程度的认同。

从认同度指标得分率高低看,依次为深圳、广州、北京、上海,得分率分别为82.60%、82.60%、81.80%、81.00%。就整体而言,游客对4个城市旅游品牌的认同度比较接近,但上海还有进一步提升的空间。见图3－68。

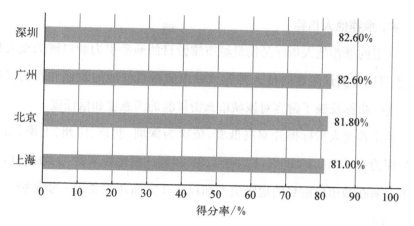

图 3 - 68　4个城市认同度指标得分率比较

46. 重游指标

重游指标是衡量旅游业发展质量的关键指标,主要通过测量旅游者的重复游览行为来衡量。这一指标反映了特定时间段内游客对某一旅游目的地的忠诚度和满意度。

从重游指标得分率高低看,深圳最高,得分率为 87.20％,北京和广州并列第二,得分率为 86.80％,上海略低,得分率为 86.00％。4 个城市之间虽然差异不大,但反映了上海仍有进一步提升的空间。见图 3 - 69。

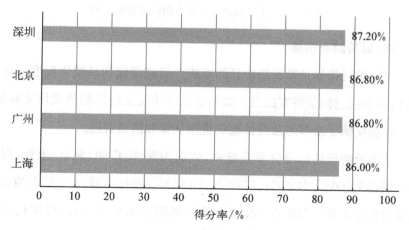

图 3 - 69　4个城市重游指标得分率比较

47. 推荐他人指标

这里的推荐他人指标是衡量城市旅游目的地吸引力和口碑的重要指标,主要通过测量游客向他人推荐该城市旅游目的地的意愿和行为来衡量。这一指标反映了游客对该城市旅游体验的满意度和信任度。

从推荐他人指标得分率高低看,依次为深圳、北京、广州、上海,得分率分别为84.00%、83.80%、82.40%、81.20%。相比较来看,上海最低,反映了上海在城市旅游目的地吸引力和口碑2方面还需要进一步加强。见图3-70。

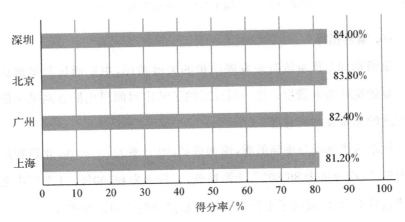

图3-70 4个城市推荐他人指标得分率比较

48. 溢价游玩指标

溢价游玩指标是衡量旅游目的地或产品高端化和品质化程度的重要指标,主要通过测量游客愿意为高品质旅游体验支付的额外费用来衡量。这一指标反映了游客对旅游体验的价值认知和消费意愿。

从溢价游玩指标得分率高低看,依次为深圳、广州、北京、上海,得分率分别为73.00%、71.40%、71.00%、70.60%。整体来看,4个城市的溢价游玩指标都不高,反映了一线城市的整体消费水平比较高;横向比较来看,上海在该指标的得分率最低,说明游客对在上海旅游体验的价值认知和消费意愿还比较低,后续需要在提供产品与服务的性价比上进一步改善。见图3-71。

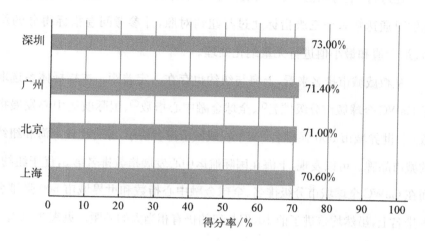

图3-71　4个城市溢价游玩指标得分率比较

四、上海与纽约比较

"上海旅游"品牌评价之所以对标纽约,主要基于建设世界著名旅游城市的目标,通过与纽约进行关键指标的对比,找出差距和不足,为进一步提升"上海旅游"品牌的国际影响力问诊寻策。纽约是美国最大城市和第一大港,也是世界最为著名的旅游城市,"I love New York"和"Welcome to New York"等品牌口号深入人心,曼哈顿、百老汇、自由女神像和华尔街等景点享誉世界。纽约还是美国文化、艺术、音乐和出版中心,有众多的博物馆、美术馆、图书馆、科学研究机构和艺术中心,美国人经常直呼纽约市为"The City"。上海、纽约,这2个经常被同时提及的城市,一个是东方大国的开放窗口,一个是西方老牌世界金融中心。2个城市虽然地处东西半球,却有着很多相似的地方,摩天大楼林立的天际线,一条河流穿城而过,外滩 VS 华尔街、陆家嘴 VS 曼哈顿、人民广场 VS 时代广场、南京路

VS 第 5 大道。

在进行"上海旅游"品牌发展指数测算时,城市声誉、航空吞吐量和国际航班通达数 3 个三级指标通过与纽约对照,并参考问卷指标得分的均值、最大值和最小值进行无量纲化处理。

从权威城市排名来看,上海与纽约也存在一定差距。本指标体系选取了 GaWC 全球城市分级排名①、全球金融中心指数②、国际航运中心发展指数③和世界城市 500 强排名④ 4 个权威城市排名榜单,综合比较上海和纽约的城市品牌。可以发现,上海在国际航运中心发展指数排名第 3,优于纽约。而在 GaWC 全球城市分级排名、全球金融中心指数和世界城市 500 强排名等排名上,虽然均挤进了前 10,但与纽约仍有相当大的差距。见表 3-32。

表 3-32　上海和纽约权威城市榜单排名(2022 年)

	GaWC 全球 城市分级排名	全球金融 中心指数	国际航运中心 发展指数	世界城市 500 强排名
上海	6	6	3	5
纽约	2	1	8	3
北京	4	8	—	1
广州	27	25	13	11

① GaWC 全球城市分级排名是"Globalization and World Cities Research Network"的简称,中文一般翻译为"全球化与世界城市研究网络",于上世纪 90 年代后期创建于英国的拉夫堡大学地理系,被誉为全球最权威的城市评级机构,Gawc 排名重点不在于城市的规模,而在于勾勒它们与全球的联系,评价它们在全球城市网络中的"节点"作用。

② "全球金融中心指数"(Global Financial Centers Index,GFCD)是全球最具权威的国际金融中心地位的指标指数。由英国智库 Z/Yen 集团和中国(深圳)综合开发研究院共同编制。2007 年 3 月开始,该指数开始对全球范围内的 46 个金融中心进行评价,并于每年 3 月和 9 月定期更新以显示金融中心竞争力的变化。该指数着重关注各金融中心的市场灵活度、适应性以及发展潜力等方面。全球金融中心指数的评价体系涵盖了营商环境、金融体系、基础设施、人力资本、声誉及综合因素等五大指标。

③ "新华·波罗的海国际航运中心发展指数"由新华社中国经济信息社联合波罗的海交易所编制,该指数自 2014 年首次向全球推出以来,至今已连续第 8 年发布,包含 3 个一级指标,16 个二级指标,从港口条件、航运服务和综合环境 3 个维度对全球 43 个样本城市的阶段性综合实力予以评估。

④ 由全球城市实验室发布,榜单从经济、文化、治理、环境、人才和声誉等六个维度综合计算出各国主要城市的品牌价值。

参考文献：

［1］胡洪基,郭英之,甘柠瑜,等.主题公园品牌体验影响因素与精准施策研究［J］.中国软科学,2021(S1)：314-323.

［2］沈雨婕,王嫒,许鑫,等.华亭初见记：文化记忆视角下的上海旅游形象感知［J］.图书馆论坛,2020,40(10)：59-65.

［3］张凌云.景区门票价格与门票经济问题的反思［J］.旅游学刊,2019,34(7)：17-24.

［4］张红梅.特色旅游目的地品牌形象影响机制与综合评价研究［D］.合肥：合肥工业大学,2019.

［5］庄国栋.国际旅游城市品牌竞争力研究［D］.北京：北京交通大学,2018.

［6］吴开军.中国大陆省域旅游目的地品牌竞争力研究--基于可视的世界级和国家级景区品牌视角［J］.经济管理,2016,38(6)：154-165.

［7］张宏梅,张文静,王进,等.基于旅游者视角的目的地品牌权益测量模型：以皖南国际旅游区为例［J］.旅游科学,2013,27(1)：52-63.

［8］宋子斌,安应民,郑佩.旅游目的地形象之 IPA 分析——以西安居民对海南旅游目的地形象感知为例［J］.旅游学刊,2006(10)：26-32.

［9］邵炜钦.旅游目的地游客忠诚机制模式构建［J］.旅游科学,2005(3)：44-47+69.

［10］卢泰宏.品牌资产评估的模型与方法［J］.中山大学学报(社会科学版),2002(3)：88-96.

［11］黄震方,李想.旅游目的地形象的认知与推广模式［J］.旅游学刊,2002(3)：65-70.

第四章 结论与建议

第一节 研究结论与经验启示

一、研究结论

打响"上海旅游"品牌是落实中共中央、国务院及上海市委、市政府决策部署的重要举措。本报告围绕建设高品质世界著名旅游城市的总目标,结合加强文旅深度融合、提升城市发展软实力的发展实际,构建了包括品牌形象、品牌质量、品牌竞争力、品牌传播和品牌忠诚5个维度,共计48个指标的评价体系,遵循自我审视和横向比较的评价思路,通过获取公开出版的国家和地方统计年鉴、第三方平台数据和问卷调查等多源数据,对2023年"上海旅游"品牌发展水平进行了综合测度。主要结论如下。

(一)综合评价

经综合计算,2023年"上海旅游"品牌发展指数分值为82.03分(满分100分),在百分制等级划分中处于"好"(80～100分)的发展等级。"上海旅游"品牌这一发展结果来之不易,深刻表明即便经历多年的市场挑战,"上海旅游"品牌的建设步伐没有停顿,建设力度没有减弱,建设标准没有降低。

(二)分类评价

第一,品牌形象。主要反映"上海旅游"品牌的形象要素集合体、城市发展适配度和游客心理图式,由品牌要素、城市形象和旅游形象 3 个二级指标组成,共计 9 个三级指标。评价值为 80.00 分。

第二,品牌质量。主要反映"上海旅游"品牌的实际质量、体验质量和无形质量,由旅游要素质量、基础设施质量和旅游服务质量 3 个二级指标组成,共计 8 个三级指标。评价值为 82.35 分。

第三,品牌竞争力。主要反映"上海旅游"品牌的核心竞争力、辐射竞争力、潜在竞争力的现实状态,由品牌活力、品牌吸引力和品牌潜力 3 个二级指标组成,共计 16 个三级指标。评价值为 81.69 分。

第四,品牌传播。主要反映"上海旅游"品牌的媒体传播反响度、社会公众认知度和品牌口碑塑造度三方面内容,由媒体传播度、关注度和品牌口碑 3 个二级指标组成,共计 10 个三级指标。评价值为 84.94 分。

第五,品牌忠诚。主要反映"上海旅游"品牌的游客满意度、情感依赖性和价值诉求等有关游客消费的价值诉求态势,由满意度和忠诚度 2 个二级指标组成,共计 5 个三级指标。评价值为 80.68 分。

（三）上海与北京、广州和深圳比较

1. 综合评价指数

依据城市规模、城市等级、城市旅游发展水平等相关条件,本报告选取了北京、广州、深圳 3 座城市作为"上海旅游"品牌发展水平的国内对标城市。沿袭相同的指标体系、计算公式和评价方法,综合测得"北京旅游"品牌指数为 82.08,"深圳旅游"为 79.93,"广州旅游"为 79.21。显而易见,北京和上海的旅游品牌建设都已经迈入"好"的发展水平。

2. 分类评价指数

第一,从主观指标与客观指标评价指数值构成看,北京（82.41,81.84）、上海（80.94,83.06）、广州（81.61,77.05）、深圳（83.41,76.79）。

第二,从 5 个维度指数值组成看,北京为 79.52～83.40;上海为 80.0～

84.94;广州为76.88～81.65;深圳为76.36～83.62。

(四)"上海旅游"品牌发展特征

第一,从总体上看,"上海旅游"品牌建设整体呈现稳中向好发展态势,在2022年综合指数79.88分"较好"等级基础上,2023年综合指数为82.03分,步入"好"的等级发展阶段。

第二,从指标结构看,均衡与协调是"上海旅游"品牌发展的基本态势。首先,指标评价体系的48个指标由25个客观指标与23个主观指标共同构成,指标体系的结构比较恰当。其次,主客观指标的综合值比较接近,说明"上海旅游"品牌在主客观两方面的建设与发展态势比较协调。再次,5个维度的分类指标数值都位于"好"的层次,有力说明"上海旅游"品牌在各个方面发展比较均衡,总体结构比较稳定。最后,48个指标的得分值分布比较合理,表明"上海旅游"品牌发展的基础比较扎实,形成厚实的品牌发展平台。

第三,从指标特征看,在"上海旅游"品牌发展中,客观指标优于主观指标;硬件指标好于软件指标;数量指标胜于质量指标。

第四,从比较角度看,北上广深4个城市在旅游品牌发展方面各有千秋。当然,有2点值得注意:一是在4个城市中,上海的客观指标综合值具有明显优势,但是主观指标综合值略显薄弱;二是在4个城市中,只有上海在5个维度各自的分类指数值中都保持在80.00以上,在一定程度上表明"上海旅游"品牌发展的均衡性、稳定性和协调性具有相对优势。总体上而言,北京和上海在综合指数方面略占优势,双双进入"好"的发展阶段,对于新时期我国城市旅游品牌建设来讲,具有一定的引领与示范作用。

二、经验启示

北上广深城市旅游品牌的发展实践可以为我国其他城市旅游品牌的

建设提供如下借鉴和启示。

（一）应加强城市资源向文旅资源的转化力度

一是要重塑理念,正确认识城市旅游品牌和城市品牌建设的关系、城市资源和文旅资源的关系;二是要创新举措,不断将城市资源转化为文旅资源,将城市资源优势转化为文旅资源强势;三是要主动靠前,充分发挥旅游品牌建设的示范带动效应,通过旅游品牌建设进一步挖掘城市文化特色,促进文旅商体娱展深度融合,彰显城市魅力,进一步提升城市的旅游吸引力。

（二）应多措并举提升游客的满意度和忠诚度

一是要面向不同利益相关者作深入调研,厘清主客互动过程、结果及主客互动的形成机制;二是要营造良好的主客交往氛围,不能简单依赖于居民和旅游从业人员态度的改善,应将保障本地居民利益作为首位,具体包括经济收益的保障、居民社区生活空间的保护、城市休闲空间的主客共享权利保障等;三是要创新宣传举措,营造良好的休闲旅游氛围,不断提升游客满意度和忠诚度。

（三）应通过精细化管理和人性化服务优势凸显城市软实力

一方面要保持精细化管理和人性化服务在硬件建设方面的优势,另一方面要从提高游客满意度的角度展现城市的文化内涵、增强体验的愉悦、凸显旅游的特色、提升城市的温度。通过硬环境建设营造软实力氛围,通过软实力提升彰显硬环境品质。

（四）应着力一体化构建城市旅游品牌体系

一是顶层设计,围绕构建著名旅游品牌体系逐渐培育和打造一批著名旅游景区(点)、著名旅游企业、著名旅游产品等,为城市旅游品牌的影响力提供支撑;二是对旅游口号、旅游宣传片及品牌标识进行再开发,动态化融入新理念和新元素,保持其活力永续;三是进一步加强宣传力度,持续传达与城市紧密相关的、对难忘的旅游体验的期待,强调、强化旅游者与旅游目的地之间的情感联系,增强品牌黏性。

第二节　存在问题与对策建议

一、存在问题

通过对"上海旅游"品牌的测度与分析,特别是对标纽约以及与北京、广州、深圳比较后可以发现,"上海旅游"品牌建设与发展在以下方面还有待持续提升。

(一)都市资源向文旅资源转化亟待加强

通过对上海城市品牌和"上海旅游"品牌的竞争力进一步分析来看,上海城市品牌的影响力明显高于"上海旅游"品牌的影响力。如何将上海城市品牌拥有的资源优势转化为上海都市旅游发展的强势,并成为"上海旅游"品牌建设和发展的强有力支撑,将是未来需要关注的重点课题。因为从关注和体验的角度来讲,游客对"上海旅游"品牌特别是旅游品牌形象等维度的感知实际上就是对上海整体城市形象的感知。一方面,旅游品牌是城市品牌的重要组成部分,另一方面,城市资源为城市旅游发展和城市旅游品牌打造提供了坚实的基础。

(二)居民友善度对旅游品牌影响力的制约

连续2年的研究结果显示,居民友善度得分率持续较低,仍旧位列品牌形象维度指标的末位,排在48个指标的第45位。进一步分析发现,游客对"城市当地居民对游客十分友善""城市旅游从业人员具有热情的服务态度""能很好体验到当地居民生活状态和社会风情"等感知均较低,且显著低于其他城市。一方面反映了由居民友善度折射的城市亲和力对"上海旅游"品牌影响力的制约,另一方面也表明距离实现上海旅游市场"近悦远来、主客共享"的发展目标还需继续努力。同时值得关注的是,在InterNations 发布的《最受外派人员欢迎城市排行榜(2021)》中,上海的综合排名为第 13 位,但"本地人的友好度"单项指标排在第 27 位,也明显低于综合排名位次。可见,居民友善度亟待改善已成为国内外游客的共识,值得引起重视。

(三)精细化管理和人性化服务的优势发挥受限

通过 4 个城市的主观指标得分率和客观指标得分率比较可以发现,上海的客观指标得分率最高,为 83.06%,但主观指标得分率最低,为80.94%。最高和最低揭示了"上海旅游"品牌建设在硬环境建设方面的突出优势和软实力提升方面的明显不足。一方面,反映了"上海旅游"品牌建设在硬环境建设和软实力提升方面的失衡;另一方面,反映了精细化管理和人性化服务的优势需要从游客感知的角度进行再定位、再优化、再突显,通过硬环境向软实力传递。

(四)上海世界著名旅游品牌体系建设有待完善

对标世界著名旅游城市可以发现,世界著名旅游品牌需要包括世界著名旅游景区(点)、世界著名旅游企业等在内的世界著名旅游品牌体系支撑。就目前来看,上海世界著名旅游品牌体系建设还有待进一步完善。以世界品牌实验室发布的 2022 年《中国 500 最具价值品牌》为例,北京有86 个品牌入选中国品牌 500 强,名列第一;广东和山东分别有 84 个和 46个品牌入选,位居第二和第三。《中国 500 最具价值品牌》具有世界影响力的品牌数仅 62 个,占 12.40%,入选的旅游服务行业品牌则更少。上海地区共有 17 个品牌入选,其中唯一入选的旅游服务行业品牌为锦江国际,排名第 105 位。

二、对策建议

通过 4 个城市的比较,针对"上海旅游"品牌建设中存在的薄弱环节,本文提出如下对策建议,助力"上海旅游"品牌走向国际。具体而言,"上海旅游"品牌的建设应从最有资源和最有优势的地方出发,以系统工程思维立体化进行推进,在科学定位上着眼三个"一",在实施路径上力推三个"变",在能级提升上强化三个"力"。

（一）着眼三个"一"

"上海旅游"品牌建设在科学定位上着眼三个"一"主要包括三层含义,即建设目标在对标高度上务求第一、建设内容在识别特色上力求唯一、建设方向在投入力度上追求如一。

第一,"上海旅游"品牌建设目标在对标高度上,务求第一。这意味着在构建"上海旅游"品牌时,应当将国际一流的旅游目的地作为学习和比较的对象。要深入分析国际顶级旅游目的地成功的关键因素,比如如何吸引游客、提供优质服务、进行市场营销以及创建独特的旅游体验。同时,也需要结合上海的具体情况,发挥本土文化、历史等特色资源的优势,确保"上海旅游"品牌建设不仅仅追随潮流,而是能够引领潮流,力争在国内外旅游市场上占据领先地位。

第二,"上海旅游"品牌建设内容在识别特色上,力求唯一。这就要求在塑造"上海旅游"品牌形象时,必须深挖上海独有的文化遗产、城市风貌和生活方式,将这些元素融入品牌内涵之中。无论是外滩的历史建筑群、浦东的现代天际线,还是上海的传统美食、时尚购物街区,亦或是各类国际级的艺术活动和节庆,都应成为品牌故事的一部分。通过这样的方式,能够为游客提供独一无二的"上海体验",让"上海旅游"成为一个鲜明且不可复制的品牌符号。

第三，"上海旅游"品牌建设方向在投入力度上，追求如一。这表明在推进"上海旅游"品牌建设的过程中，需要持续而均衡地投入资源。这包括资金、技术、人才等多方面的资源投入，确保品牌建设的各个环节都能得到充分的支持。同时，这也要求政府、企业和社会各界形成合力，共同推动"上海旅游"品牌的建设。从提升服务质量、改善基础设施，到创新营销策略、优化旅游环境，每一方面的工作都需要精心规划和实施，以实现品牌建设工作的高效运转和长远发展。

综上所述，"上海旅游"品牌的建设是一个全面、系统的过程，它不仅需要在定位上追求卓越，在内容上彰显独特性，在发展方向上保持坚定和一致，更需要在实施过程中汇聚各方面的力量，确保品牌建设的成功与持久。

（二）力推三个"变"

"上海旅游"品牌建设在实施路径上力推三个"变"，至少可以从以下三个方面发力，即把上海独特的城市品牌优势转变为"上海旅游"品牌的综合发展优势、把"上海旅游"品牌数量指标评价优势转变为品牌质量提升优势、把上海城市发展的物质环境优势转变为促进"上海旅游"市场感知度和居民友好度的品牌发展优势。

第一，把上海独特的城市品牌优势转变为"上海旅游"品牌的综合发展优势。这意味着要充分利用上海作为国际大都市的声誉和影响力，将这座城市在经济、文化、时尚等领域的领导地位，转化为吸引全球游客的旅游吸引力。具体来说，可以通过打造地标性的旅游项目、推广上海的历史与现代融合的城市形象，以及举办国际级的大型活动，来增强"上海旅游"品牌的全球认知度和吸引力。同时，还需要通过多渠道的宣传和营销策略，让上海的城市品牌优势成为推动旅游业发展的强力引擎。

第二，把"上海旅游"品牌数量指标评价优势转变为品牌质量提升优

141

势。这就要求在追求游客数量增长的同时,更加注重游客体验的质量和深度。这不仅涉及提升服务水平、优化旅游设施和环境,还包括创新旅游产品和服务,如开发更多个性化、特色化的旅游路线和文化体验活动。通过对"上海旅游"品牌的精细化管理,可以提高游客满意度,从而在口碑传播和品牌忠诚度方面取得优势。

第三,把上海城市发展的物质环境优势,转变为促进"上海旅游"市场感知度和居民友好度的品牌发展优势。上海作为一个现代化都市,拥有先进的基础设施和完善的城市服务体系,这为旅游品牌建设提供了坚实的物质基础。可以通过改善公共空间、提升市容市貌、优化交通网络等方式,进一步提升城市的宜居性和游客的便利性。同时,通过加强社区参与和提供良好的游客-居民互动平台,增加游客对上海文化的了解和认同,从而提高整体的旅游品牌形象和市场竞争力。

综上所述,通过综合运用上海城市品牌的多重优势,不断提升"上海旅游"品牌的质量,以及利用城市物质环境和居民资源,可以全方位地提升"上海旅游"品牌的国内外影响力,使其成为一个具有高度竞争力和持续吸引力的全球旅游目的地。

(三)强化三个"力"

"上海旅游"品牌建设在能级提升上强化三个"力"至少可以包括三个方面,即打造"上海旅游"品牌市场力、提升"上海旅游"品牌软实力、夯实"上海旅游"品牌导向力。

第一,打造"上海旅游"品牌市场力,强化上海城市旅游产品体系的核心吸引能力,助推上海建设世界著名旅游城市发展目标。这就要求在构建"上海旅游"品牌时,必须不断创新和丰富旅游产品与服务,以适应日益多样化的市场需求。着重开发具有上海特色的文化体验活动、历史遗迹游览、现代艺术展览等项目,同时注重提升服务质量,为游客提供个性化、差异化的优质旅游体验,使上海成为一个能够真正参与国际旅游市场竞争的城市,不断提升其在全球范围内的知名度和影响力。

第二,提升"上海旅游"品牌软实力,营造品牌在地氛围感、温度感和认知感。这就要求加强上海本土文化的推广和传播,让游客能够感受到上海独有的地域文化和热情好客。例如可以通过街头艺术表演、地道美食节、历史街区导览等形式,让游客深入体验到上海的生活气息和人文情怀。同时,还可以通过有效的宣传和营销策略,提高公众对"上海旅游"品牌的认知度,塑造一个温暖而亲切的城市旅游形象。

第三,夯实"上海旅游"品牌导向力,真正实现上海旅游市场:把流量变留量、留量变销量、销量变增量、增量变体量、体量变质量的发展目标。这就要求转变旅游市场经营思路,不仅要吸引更多游客来到上海,还要让他们留下深刻印象并愿意再次来访。为此,需要建立完善的客户关系管理系统,提供定制化的服务,以及建立回访机制和忠诚度计划。此外,对于旅游产品和服务的销售,应该注重品质和创新,不断追求销售增长和市场份额的提升。通过这些努力,不仅能够扩大旅游市场的总体规模,还能提高整个"上海旅游"品牌的竞争力和可持续发展能力。

综上可以看到,提升"上海旅游"品牌的市场力、软实力和导向力是一个系统工程,既需要政府、企业和社会各界的共同努力,也需要持续的创新和改进。只有这样,上海才能不断巩固和提升其作为世界级旅游城市的地位。

第二部分

专题研究

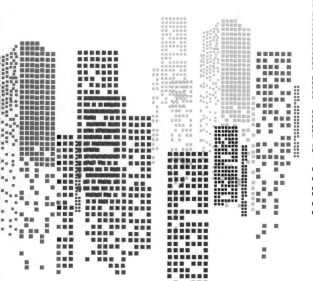
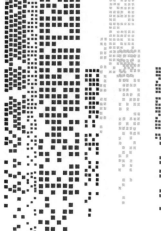

第五章　"上海旅游"品牌
感知调查研究

第一节　研究方法与样本特征

本研究主要采用问卷调查法获取数据。首先对相关文献资料[1—3]进行分析整合，确认研究主题、划分维度和参考量表，设计出问卷初稿。结合专家学者对问卷内容和形式的建议，对问卷初稿进行修改完善。然后采用描述性分析、单因素方差分析等方法对问卷数据进行处理。

一、研究方法

问卷主要由3个部分构成：受访者的个人基本信息、"上海/北京/广州/深圳旅游"品牌要素感知调查、"上海/北京/广州/深圳旅游"品牌感知调查。调研利用李克特五点量表（非常赞同＝5分；赞同＝4分；不确定＝3分；不赞同＝2分；非常不赞同＝1分）。

为了确保问卷的准确性和全面性，通过问卷星面向上海、北京、广州、深圳等4个城市到访游客就"上海旅游"品牌感知、"北京旅游"品牌感知、"广州旅游"品牌感知以及"深圳旅游"品牌感知分别展开调研，共收集调研问卷2 309份，总有效问卷2 152份，有效率为93.20％。其中"上海旅游"品牌感知调研问卷1 065份，有效问卷1 053份，有效率为98.87％；"北京旅游"品牌感知调研问卷398份,有效问卷358份,有效率为89.95%;"广州旅游"品牌感知调研问卷411份,有效问卷369份,有效率为89.78%;"深圳旅游"品牌感知调研问卷435份,有效问卷372份,有效率为85.52%。详见表5-1。

表5-1 "北上广深"旅游品牌感知调研数据收集情况

调 研 问 卷	回收问卷/份	有效问卷/份	有效率/%
"上海旅游"品牌感知调研问卷	1 065	1 053	98.87
"北京旅游"品牌感知调研问卷	398	358	89.95
"广州旅游"品牌感知调研问卷	411	369	89.78
"深圳旅游"品牌感知调研问卷	435	372	85.52
总体回收情况	2 309	2 152	93.20

二、样本特征

(一)"上海旅游"品牌研究样本特征

"上海旅游"品牌感知调研数据显示的样本特征具体如下:性别上,男女调研比例基本持平;婚姻状况方面,调研样本中已婚群体居多,占79.49%,未婚比例仅占20.51%;年龄构成上,26~35岁群体占比超六成,26岁以上年龄群体占比接近九成,这与样本群体中的婚姻状况特征基本吻合;收入构成方面,10 000元以上的收入群体占比71.80%,这表明所调查群体基本接近,甚至超过上海2022年度城镇单位就业人员平均工资,收入水平较高,是上海文旅产业发展的市场主体;职业构成上,企、事业单位职工与管理人员的调查样本占比超八成,这与样本的年龄构成与婚姻状况特征一致,说明被调研对象以在企事业单位从事管理和服务工作的中青年群体居多;学历方面,超九成的游客拥有高等教育学习背景,受教育水平较高,文化素养较好;出游次数上,多数被调研对象拥有多次前往上海旅游的经历,其中到访上海3次及以上的游客占比58.02%,前往上海旅游的经历较丰富,具备对"上海旅游"品牌感知的基础。详见表5-2。

表 5-2 "上海旅游"品牌感知调查样本构成

特　征	特　征　值	百分比/%
性别构成	男	50.05
	女	49.95
婚姻状况	已婚	79.49
	未婚	20.51
年龄构成	18~25	11.68
	26~35	66.00
	36~45	17.57
	46~60	4.75
收入构成	1 000 元以下	0.76
	1 001~3 000	1.61
	3 001~5 000	3.89
	5 001~8 000	11.40
	8 001~10 000	10.54
	10 001~15 000	19.09
	15 001~20 000	24.69
	20 000 元以上	28.02

续 表

特 征	特 征 值	百分比/%
职业构成	企、事业单位职工	42.45
	企、事业单位管理人员	41.41
	公务员	2.47
	私营企业主、个体经营者	6.65
	学生	3.42
	自由职业者	2.94
	离、退休人员	0.19
	其他从业人员	0.47
学历	初中及以下	0.47
	高中(中专及职校)	3.04
	本科及大专	83.57
	硕士研究生及以上	12.92
出游次数	1次	10.16
	2次	31.81
	3次	26.40
	4次及以上	31.62

(二)"北京旅游"品牌研究样本特征

"北京旅游"品牌感知调研数据显示的样本特征具体如下:性别上,男女调研比例基本持平;婚姻状况方面,已婚游客居多,占比 79.61%,未婚比例仅占 20.39%;年龄构成上,26~35 岁群体占比超六成,26 岁以上年龄群体超八成,这与调研游客的婚姻状况特征基本吻合;收入构成方面,

10 000元以上的收入群体占比81.56%,该群体所占比例高于上海;职业构成上,企、事业管理职工与管理人员的调查样本占比超八成,这与样本的年龄构成与婚姻状况特征一致,说明被调研对象以在企事业单位从事管理和服务工作的中青年群体居多;学历方面,调研的游客中无高中以下学历,九成以上的游客拥有高等教育学习背景,受教育水平较高,文化素养较好;出游次数上,近九成被调研游客拥有多次前往北京旅游的经历,其中到访北京3次及以上的游客占比58.94%,具备对"北京旅游"品牌感知的基础。详见表5-3。

表5-3 "北京旅游"品牌感知调查样本构成一览表

特 征	特 征 值	百分比/%
性别构成	男	49.72
	女	50.28
婚姻状况	已婚	79.61
	未婚	20.39
年龄构成	18~25	14.25
	26~35	62.57
	36~45	19.55
	46~60	3.63
收入构成	1 000元以下	0.56
	1 001~3 000	1.12
	3 001~5 000	6.70
	5 001~8 000	10.06
	8 001~10 000	15.36

续 表

特 征	特 征 值	百分比/%
收入构成	10 001～15 000	17.04
	15 001～20 000	23.74
	20 000 元以上	25.42
职业构成	企、事业管理职工	46.09
	企、事业管理人员	37.43
	公务员	2.23
	私营企业主、个体经营者	7.26
	学生	5.00
	自由职业者	1.12
	离、退休人员	0.56
	其他从业人员	0.28
学历	初中及以下	0.00
	高中(中专及职校)	2.23
	本科及大专	82.96
	硕士研究生及以上	14.80
出游次数	1 次	10.61
	2 次	30.45
	3 次	28.21
	4 次及以上	30.73

(三)"广州旅游"品牌研究样本特征

"广州旅游"品牌感知调研数据显示的样本特征具体如下：性别上,男女调研比例基本持平,男性占比略低于女性;婚姻状况方面,已婚游客占比 80.22%,未婚游客仅占比 19.78%;年龄构成上,26～35 岁群体占比超六成,26 岁以上年龄群体近九成,这与调研游客的婚姻状况特征基本吻合;收入构成方面,10 000 元以上的收入群体占比 69.66%,该群体所占比例低于北京、上海两地游客的调研比例,但 15 000 元以上月收入的受访游客比例高于北京、上海两地;职业构成与学历上,与上海、北京两地调研游客的职业构成基本一致,企、事业单位职工与管理人员占比超八成,九成以上的游客拥有高等教育学习背景,受教育水平较高,文化素养较好;出游次数上,超九成被调研游客拥有多次前往广州旅游的经历,其中到访广州 3 次及以上的游客占比 61.79%,具备对"广州旅游"品牌感知的基础。详见表 5-4。

表 5-4 "广州旅游"品牌感知调查样本构成

特　征	特　征　值	百分比/%
性别构成	男	49.86
	女	50.14
婚姻状况	已婚	80.22
	未婚	19.78
年龄构成	18～25	11.65
	26～35	62.87
	36～45	19.78
	46～60	5.69
收入构成	1 000 元以下	0.81
	1 001～3 000	2.44

特 征	特 征 值	百分比/%
收入构成	3 001~5 000	3.52
	5 001~8 000	10.30
	8 001~10 000	13.28
	10 001~15 000	14.91
	15 001~20 000	23.04
	20 000 元以上	31.71
职业构成	企、事业单位职工	44.44
	企、事业单位管理人员	37.13
	公务员	2.71
	私营企业主、个体经营者	7.86
	学生	3.79
	自由职业者	2.44
	离、退休人员	0.54
	其他从业人员	1.08
学 历	初中及以下	0.81
	高中(中专及职校)	2.71
	本科及大专	85.64
	硕士研究生及以上	10.84
出游次数	1次	8.94
	2次	29.27
	3次	23.58
	4次及以上	38.21

(四)"深圳旅游"品牌研究样本特征

"深圳旅游"品牌感知调研数据显示的样本特征具体如下:性别上,男女调研比例基本持平,男性占比略低于女性;婚姻状况方面,已婚游客占比82.26%,未婚游客仅占比17.74%;年龄构成上,26~35岁群体占比67.20%,26岁及以上年龄群体超九成,这也符合调研游客的婚姻状况特征;收入构成方面,10 000元以上的收入群体占比77.78%,该群体所占比例仅略低于北京,高于上海、广州两地的受访游客,且15 000元以上月收入的受访游客比例与广州基本持平;职业构成与学历上,与上海、北京、广州三地调研游客的职业构成基本一致,企、事业单位职工与管理人员占比超八成,九成以上的游客拥有高等教育学习背景,受教育水平较高,文化素养较好;出游次数上,九成以上被调研游客拥有多次前往深圳旅游的经历,其中到访深圳3次及以上的游客占比58.33%,具备对"深圳旅游"品牌感知的基础。详见表5-5。

表5-5 "深圳旅游"品牌调查样本构成

特 征	特 征 值	百分比/%
性别构成	男	49.46
	女	50.54
婚姻状况	已婚	82.26
	未婚	17.74
年龄构成	18~25	8.60
	26~35	67.20
	36~45	16.94
	46~60	7.26

特　征	特　征　值	百分比/%
收入构成	1 000 元以下	0.00
	1 001～3 000	0.54
	3 001～5 000	4.03
	5 001～8 000	7.80
	8 001～10 000	10.22
	10 001～15 000	22.04
	15 001～20 000	23.39
	20 000 元以上	31.99
职业构成	企、事业单位职工	44.89
	企、事业单位管理人员	42.20
	公务员	1.61
	私营企业主、个体经营者	5.91
	学生	2.15
	自由职业者	1.88
	离、退休人员	0.54
	其他从业人员	0.81
学　历	初中及以下	0.54
	高中(中专及职校)	3.76
	本科及大专	84.41
	硕士研究生及以上	11.29

特　　　征	特　征　值	百分比/%
	1次	9.68
出游次数	2次	31.99
	3次	25.27
	4次及以上	33.06

　　综合上述对到访上海、北京、广州及深圳等4个城市游客的调研样本特征的分析发现：4个城市调研样本特征在男女比例上均基本持平，九成以上调研游客均拥有高等教育经历，受教育水平高，文化素养较好，超八成的中青年群体在企事业单位从事管理和服务工作，七成及以上游客月收入在10 000元以上，收入水平较高，他们构成了上海、北京、广州和深圳文旅产业发展的市场主体。总体而言，4个城市调研样本特征具有较高的相似性，这为后续4个城市旅游品牌感知研究奠定比较基础，可比性较强。同时，接受调研的4个城市游客在到访目的地城市频次特征上同样具有较高的相似性，即约九成被调研群体拥有多次前往目的地城市的经历，且到访3次及以上的游客占比约六成，被调研者对目的地的较高熟悉度意味着游客基于过往旅游经历对城市旅游品牌感知能做出较客观的回答和评价。

第二节　"上海旅游"品牌感知的比较分析

　　"上海旅游""北京旅游""广州旅游""深圳旅游"等4个城市旅游品牌游客感知的现状分析由两大部分构成，分别为城市旅游品牌的品牌要素感知现状和城市旅游品牌分维度感知现状。其中，前者包括对城市旅游品牌的口号、宣传语及品牌 Logo 三方面要素的游客感知分析,后者则从口碑、旅游形象、城市形象、旅游要素、基础设施质量、服务质量、满意度感知、忠诚度感知等 8 个维度反映游客对城市旅游品牌的综合感知现状。

正式进行数据分析前,对选项存在等级分类的问题采取李克特五点量表的赋分处理(如非常赞同=5 分;赞同=4 分;不确定=3 分;不赞同=2 分;非常不赞同=1 分。分值越大,表示游客评价越积极。),并利用频数分布表、轮廓图等分析工具展示与比较"北上广深"4 个城市旅游品牌感知现状,结合单因素方差分析法比较"北上广深"4 个城市旅游品牌感知的差异及差异是否有统计学意义,进而研判"上海旅游"品牌感知发展中存在的优劣势,以及其他城市旅游品牌发展可供参考借鉴之处。

一、品牌要素感知的比较分析

利用均值、频数分布表及轮廓图等统计分析工具概括被访游客对"北上广深"4 个城市旅游品牌在口号、宣传语及品牌 Logo 等三方面要素的认知现状,并进一步作城市旅游品牌感知的比较。

(一)城市旅游品牌"口号"要素感知现状比较分析

正式调研前,收集了各城市官方发布且仍在使用的旅游品牌宣传口号,其中,上海有 3 条宣传口号常用于城市旅游宣传,北京、广州及深圳各有 1 条常用宣传口号。调研结果显示,北京、广州、深圳等 3 个城市旅游品牌的宣传口号虽然数量仅 1 个,但在游客范围内的普及度较高,八成以上的游客听过、了解目的地城市旅游宣传口号,其中以广州城市旅游宣传口号的普及度最高,占比 91.33%。相较之下,上海城市旅游宣传口号虽多,但各个口号的普及度并不算高,约七成的游客听过、了解过本市旅游宣传口号,详见表 5-6。这为城市旅游品牌宣传口号的设计与使用发出了一个信号,多个宣传口号并不一定有利于品牌普及与宣传。

表5-6 "北上广深"旅游品牌"口号"要素的游客熟悉度

各城市旅游品牌	各城市旅游宣传口号	频数	百分比/%
"上海旅游"品牌	熟悉"乐游上海"	696	66.10
	熟悉"中国上海,发现更多,体验更多"	783	74.36
	熟悉"上海,精彩每一天"	757	71.89
"北京旅游"品牌	熟悉"东方古都,长城故乡"	301	84.08
"广州旅游"品牌	熟悉"广州欢迎您"	337	91.33
"深圳旅游"品牌	熟悉"创意深圳 时尚之都"	326	87.63

　　游客在认知和情感层面评价"北上广深"4个城市旅游品牌宣传口号,并利用轮廓图展示游客评价结果以便进一步比较分析,如图5-1所示。

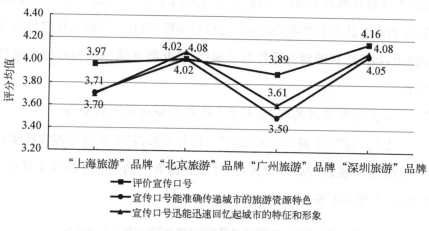

图5-1 "北上广深"城市旅游宣传口号的游客评价比较

　　与其他城市相比,上海城市旅游品牌宣传口号并非游客认知的最佳。具体表现在,对各个城市旅游品牌宣传口号的"好与不好"的纯粹评价上,到访深圳的游客对城市旅游品牌的宣传口号"创意深圳 时尚之都"评分均值为4.16,高于其他3个城市评分,上海的旅游宣传口号仅高于广东;

进一步地,宣传口号在发挥"传递城市的旅游资源特色"作用方面,相较于其他城市,游客似乎难以从宣传口号中感知到上海的旅游资源特色,宣传口语的表达相对抽象,未对城市旅游的核心属性挖掘并呈现出来。反观北京与深圳的城市旅游宣传口号(均值均为4.08),非常直接地将目的地城市的旅游资源属性提炼并反映在口号中,如深圳强调城市的"创新""时尚"目的地属性,这与深圳在发展过程中深入人心的"改革开放""深圳速度"等整体城市形象密切相关;北京既是数百年来中国政治中心,亦有表征旅游特色的具体、有代表性的意向,因此"东方古都,长城故乡"的宣传口号极富张力,彰显了北京历史底蕴的同时,通过"长城"将北京的资源价值凸显得淋漓尽致,让人印象深刻。相应地,在情感层面上,也较容易唤起人们对城市特征和形象的回忆,因此北京和深圳城市旅游品牌宣传口号游客评分分别为4.02、4.05,游客评分远高于上海(均值为3.70)。总体看,尽管游客认为上海旅游品牌宣传口号不错,但并未发挥宣传口号的实际作用,如传达目的地资源特色或属性、唤起游客情感层面的记忆或联想等。

（二）城市旅游品牌"宣传片"要素感知现状比较分析

"北上广深"4个城市旅游品牌"宣传片或海报"要素的游客熟悉度基本一致,"上海旅游"品牌"宣传片"要素在游客中的熟悉度略高于其他3个城市,差异并不显著。详见表5-7。

表5-7 "北上广深"旅游品牌"宣传片"要素的游客熟悉度

各城市旅游品牌	看过宣传片或海报	
	频　数	百分比/%
"上海旅游"品牌	988	93.83
"北京旅游"品牌	324	90.50

续　表

各城市旅游品牌	看过宣传片或海报	
	频　　数	百分比/%
"广州旅游"品牌	334	90.51
"深圳旅游"品牌	340	91.40

进一步比较可以发现,4个城市宣传片、海报的游客评价上有相对明显的差异,上海城市宣传片、海报的游客评价均分为4.03,均值略高于广州,但显然不及北京与深圳宣传片、海报的较高游客评价(均值分别为4.13、4.17)。如图5-2所示。

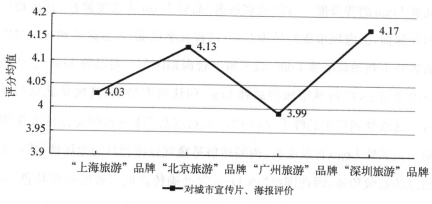

图5-2　"北上广深"城市宣传片、海报的游客评价比较

(三)城市旅游"品牌Logo"要素感知现状比较分析

通过认知、情感及意向三方面题项综合测度城市旅游"品牌Logo"的游客态度,并利用游客评价均值与轮廓图展示各城市游客评价结果,以便作进一步比较分析。如图5-3所示。

首先,在认知层面上,到访各城市的游客对品牌Logo的评价有一定差异,其中上海城市旅游品牌Logo的游客认知评价不高,尤其是品牌Logo在目的地属性、特色等信息传递上认可度偏低。具体表现为:在

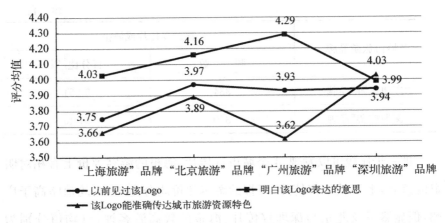

图 5-3 "北上广深"城市旅游品牌 Logo 认知层面的游客评价比较

品牌 Logo 的普及度上,以"北京旅游"品牌 Logo 普及度最高,其次是广州和深圳,上海城市旅游品牌 Logo 的普及率最低,这意味着到访上海的游客并不熟悉该品牌 Logo,或未留下较深刻印象。对品牌 Logo 表达意思的理解上,广州城市旅游品牌 Logo 的认可度最高,其次是北京与上海。这或受到广东品牌 Logo 中"广东欢迎您"这一通俗易懂的文字影响。但品牌 Logo 普及率高、内涵通俗易懂就意味着目的地属性、特色等信息的有效传递,因此围绕"该 Logo 能准确传达城市旅游资源特色"这一问题上,"上海旅游"品牌 Logo 和"广州旅游"品牌 Logo 的认可度偏低,明显低于游客对"深圳旅游"品牌 Logo 的认可度。尤其需要指出的是,"深圳旅游"品牌 Logo 虽普及度和 Logo 内涵表达方面的游客评分均值分别为 3.99、3.94,略逊于其他城市,但是纵向比较看,游客对"深圳旅游"品牌 Logo 的熟悉度、内涵理解、城市旅游资源特色表征等三方面的认知有高度的一致性(3 个题项的均值基本一致),这是"上海旅游"品牌 Logo 的明显缺陷。

情感与行为意向方面的题项测度结果如图 5-4 所示。

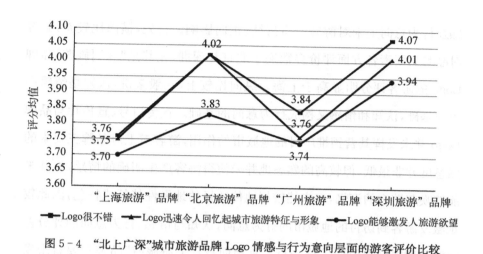

图5-4 "北上广深"城市旅游品牌 Logo 情感与行为意向层面的游客评价比较

结果显示,到访各城市的游客对品牌 Logo 评价差异明显,到访上海游客对"上海旅游"品牌 Logo 的认可度普遍最低。具体表现为,横向比较看,游客对"上海旅游"品牌 Logo"很不错"评分均值为 3.76,评价最低,"深圳旅游"品牌 Logo"很不错"的评分均值为 4.07,评分明显高于其他 3 个城市;到访北京、深圳的游客对城市旅游品牌 Logo"迅速令人回忆起城市旅游特征与形象"表示较高认可,游客评分均值分别为 4.02、4.01,上海与广东城市旅游品牌 Logo 中无明显表征目的地属性、特色,或与目的地密切关联的元素,难以立刻唤起旅游者与目的地的相关记忆。认知与情感是人们行为意愿产生的基础。因此,在认知和情感相关题项评价不理想的"上海旅游"品牌 Logo 在"激发人去旅游的欲望"上同样评分不佳,均值为 3.70,低于其他 3 个城市。纵向比较看,仍是"深圳旅游"品牌 Logo 在游客情感层面和行为意向层面的评价表现出较高的一致,且游客评分均值在"北上广深"4 个城市保持第一的优势。

总体来看,"上海旅游"的宣传口号、宣传片、品牌 Logo 等三大品牌要素在认知、情感及行为意向等三方面的游客评价明显低于深圳与北京,宣传口号、宣传片与品牌 Logo 并未凸显营销、宣传推广的价值,在认知、情感及行为意向上未对游客产生持续、正向影响。首先,横向比较看,游客对品牌三要素各方面评价多数逊于北京与深圳,尤其是"深圳旅游"品牌Logo 的游客评分明显高于上海。纵向比较上,一般来讲,认知是情感产生的基础,认知和情感又构成行为意向的基础。宣传口号、宣传片与品牌Logo 并未发挥其营销推广目的地城市的作用,游客对上海品牌三要素的熟悉度并非最低,但较高的熟悉地并未使得游客产生明确的情感,如并未能够唤起游客的记忆,也未能较好地传达目的地属性特征或特色,因此较难激发游客到访目的地城市的行为意向,认知与情感、行为意向的评分差距明显就很好地说明了这一点。总结而言,"上海旅游"品牌三要素未发挥营销工具的本身价值,在游客认知、情感和行为意向上未产生持续、正向影响。反观"深圳旅游"品牌三要素,则发挥了正确的工具作用,在认知、情感及行为意向上对游客产生持续、积极的影响。这一问题背后或许要从"上海旅游"品牌三要素顶层设计上入手解决。

二、品牌感知的整体比较分析

利用均值、轮廓图等统计工具及单因素方差分析法对"北上广深"4个城市旅游品牌在口碑、城市形象、旅游形象、旅游要素质量、基础设施质量、服务质量、满意度、忠诚度等8个方面的整体游客感知作比较分析,掌握"北上广深"4个城市旅游品牌感知的整体现状及其差异。详见表5-8。

表5-8 上海旅游品牌整体感知度与各维度感知度情况

项 目	均 值	排 序
基础设施质量感知	4.34	1
口碑感知	4.20	2

项 目	均 值	排 序
旅游形象感知	4.14	3
旅游要素感知	4.13	4
服务质量感知	4.02	5
城市形象感知	3.99	6
忠诚度感知	3.96	7
满意度感知	3.78	8
上海旅游品牌整体感知	4.07	—

注:"—"表示"上海旅游品牌整体感知"不参与排序。

从表 5-8 可以发现,在反映上海旅游品牌感知的各维度中,游客对基础设施质量的认可程度最高,相应的均值水平达到 4.34。上海对标国际一流标准,以建设卓越全球城市和社会主义现代化国际大都市为目标愿景,在城市基础设施方面卓有成效,也因此受到市场的高度认可。此外,口碑感知、旅游形象感知、旅游要素感知及服务质量感知等方面,游客评价也较高,各维度感知水平均在 4 以上,游客对上海旅游品牌建设的硬件要素(如基础设施、旅游要素等)有高度评价,亦对上海旅游品牌建设中的软件要素(如旅游形象、服务质量、口碑感知等)有较高认可,上海旅游品牌建设具备较好的发展基础。需要指出的是,受出游消费价格的影响,游客满意度的均值水平偏低,在当前经济发展相对低迷的情况下,需呼吁旅游产品定价的合理性,照顾市场对价格的敏感性。总体来看,上海旅游品牌整体感知水平较高,均值为 4.07,受价格合理性影响的较低满意度水平并未对忠诚度造成较大的影响,市场重游意愿仍然较高。

通过与北京、广州、深圳等城市比较看,上海基础设施质量感知的游客评价最高,旅游要素在4个城市中也处于较高感知水平,游客评价高。除此之外,其他各项分维度及旅游品牌整体感知水平均低于其他城市,尤其表现在城市形象感知和满意度感知上,均值水平与北京、广州及深圳有非常明显的差距。反观北京、广州与深圳,除了满意度感知均值略低于4,其他各维度感知水平均不小于4,尤其是深圳,城市形象感知、旅游要素感知、服务质量感知、满意度感知、忠诚度感知、旅游品牌整体感知等多个维度的均值水平均领先于上海、北京、广州等,口碑感知、旅游形象感知、基础设施质量感知等维度的感知水平与北京、广州基本保持一致。由此看来,上海旅游品牌有较大的建设空间,在后续调研中,有必要对深圳旅游发展与旅游品牌建设开展深入调研,为上海旅游品牌建设提供经验借鉴。如图5-5、图5-6所示。

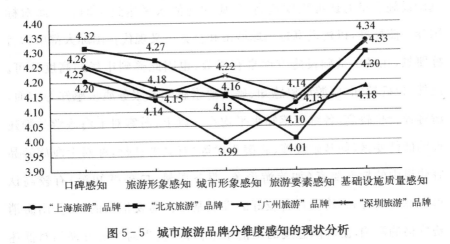

图5-5 城市旅游品牌分维度感知的现状分析

利用单因素方差分析对不同城市旅游品牌的各个分维度感知差异与整体感知差异做进一步分析。见表5-9。

结果显示,除了忠诚度感知与服务质量感知,在显著性0.05水平上,不同城市旅游品牌在各个分维度感知和整体感知上均存在差异有统计学

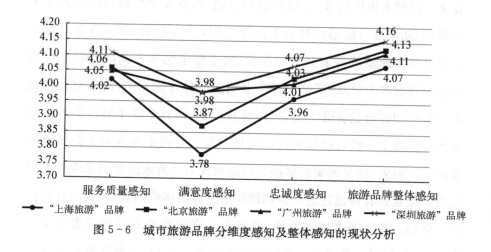

图 5-6 城市旅游品牌分维度感知及整体感知的现状分析

表 5-9 不同城市旅游品牌分维度感知与整体感知差异分析

项 目	上海	北京	广州	深圳	F	显著性
口碑感知	4.20	4.32	4.26	4.25	3.51	0.02*
旅游形象感知	4.14	4.27	4.18	4.15	5.95	0.00***
城市形象感知	3.99	4.16	4.15	4.22	17.92	0.00***
旅游要素感知	4.13	4.01	4.10	4.14	4.41	0.00***
基础设施质量感知	4.34	4.30	4.18	4.33	7.19	0.00***
服务质量感知	4.02	4.06	4.05	4.11	2.43	0.06
满意度感知	3.78	3.87	3.98	3.98	16.28	0.00***
忠诚度感知	3.96	4.03	4.01	4.07	2.67	0.05
旅游品牌整体感知	4.07	4.13	4.11	4.16	4.28	0.01**

注:" *** "表示 0.001 水平上显著;" ** "表示 0.01 水平上显著;" * "表示 0.05 水平上显著(下同)。

意义。根据多重比较显示，口碑感知方面，尽管4个城市口碑感知水平较高，但北京城市旅游口碑显著高于上海；旅游形象方面，游客对北京旅游形象评价显著高于上海和深圳；城市形象感知方面，受到"城市当地居民对游客十分友善"这一题项上明显低分评价影响，游客对上海城市形象感知评价显著低于北京、深圳及广州，而其他3个城市的城市形象评价保持了一致且较高的均值水平。是需要纠正游客对上海城市形象的认知偏差，还是确实需要提升当地居民对待外来游客的态度？上海城市形象建设有待通过进一步调研厘清背后的影响因素，并提出针对性建设策略。旅游要素感知方面，游客对北京旅游要素评价显著低于上海、广州及深圳。北京与上海同为中国的经济中心，上海在旅游要素方面的表现则可圈可点，旅游要素的配置较好地迎合了市场的需求。基础设施质量感知方面，上海、深圳的游客感知评价显著高于广州，表现尤为亮眼。满意度感知方面，广州、深圳的游客满意度评价水平显著高于上海与北京，这主要与北京、上海2个城市的经济消费水平高有关，与广州、深圳相比，北京、上海的高物价水平与高旅游消费水平较难博得游客对景区、住宿、旅游商品、餐饮等各方面价格合理性的认同，进而导致北京、上海游客满意度感知较低。最后，旅游品牌整体感知方面，尽管上海旅游品牌整体感知水平超过均值4，但比较看来，游客对北京、深圳旅游品牌整体感知评价显著高于上海，上海旅游品牌整体感知水平仍有明显提升空间。

三、品牌分维度感知的比较分析

利用均值、轮廓图等统计分析工具概括被访游客对"北上广深"4个城市旅游品牌在口碑、城市形象、旅游形象、旅游要素质量、基础设施质量、服务质量、满意度、忠诚度等八个维度的游客感知现状进行分析，并结合单因素方差分析比较不同"北上广深"城市旅游品牌分维度游客感知的差异,分析其差异的统计学意义。

（一）口碑感知的比较分析

口碑感知维度主要由"'旅游'有好的口碑""'旅游'知名度很高"2个题项构成。利用轮廓图展示游客评价均值,如图5-7所示。

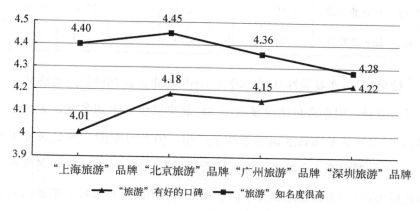

图5-7 口碑感知的现状分析

与"北京旅游"相似,"上海旅游"的"知名度很高"受到游客的较高认可,均值为4.40,在该题项上基本与北京持平,且明显高于广州与深圳。但对"上海旅游""有好的口碑"却并不受游客认可,在该题项上的得分均值为4.01,该分值虽不算低(最高分值为5),但相较于其他城市的游客评分(北京、广州、深圳均值分别为4.18、4.15、4.22),"上海旅游"的口碑似乎有待提高。尤其是在旅游的知名度与口碑(此处"好的口碑"一定程度上可视为美誉度)之间,"上海旅游"品牌出现了明显的错位现象,一致性不高。反观"深圳旅游"品牌,尽管知名度的评分在4个城市处在末位水平,但其品牌口碑(均值为4.22)与知名度(均值为4.28)的评分基本持平,保持在相对稳定、一致的较高水平上,这有利于目的地城市形象树立与良性发展。

进一步利用单因素方差分析对不同城市旅游品牌的口碑感知做差异分析。见表5-10。

表5-10　不同城市旅游品牌的口碑感知差异分析

项　　目	上海	北京	广州	深圳	F	显著性
"旅游"有好的口碑	4.01	4.18	4.15	4.22	12.45	0.00***
"旅游"知名度很高	4.40	4.45	4.36	4.28	3.11	0.03*

结果显示,在显著性0.05水平上,不同城市旅游品牌的口碑感知均存在显著差异。根据多重比较显示,上海、北京城市旅游知名度显著高于深圳,同时北京旅游知名度也显著高于广州。但上海旅游口碑显著低于北京、广州及深圳等3个城市。深圳尽管是后起之秀,城市旅游知名度逊于其他城市,却实实在在地赢得了游客的好评。相反,上海城市旅游的高知名度与游客口碑差距较为悬殊。

（二）旅游形象感知的比较分析

旅游形象感知维度主要由"我对该城市旅游的印象很深刻""提到都市旅游,我很容易想到该城市""提到该城市,我很容易想到它的特色和形象""城市有很好的旅游形象"等4个题项构成。利用轮廓图展示游客评价均值,如图5-8所示。

结果显示,"上海旅游"品牌的旅游形象在游客心智阶梯中形成了较稳定、较一致、较好的旅游形象,因此在4个题项上,游客评分均值分别为4.18、4.13、4.12、4.13。上海以魔都著称,是中国最大的经济中心和重要的国际金融中心城市,经济、金融、贸易、航运、科技、文化、教育、旅游等多个领域都取得了非常耀眼的发展成就,具有全国甚至全球影响力。各方面发展成就、城市发展地位和城市影响力牢牢地将其时尚、魔幻、国际化等

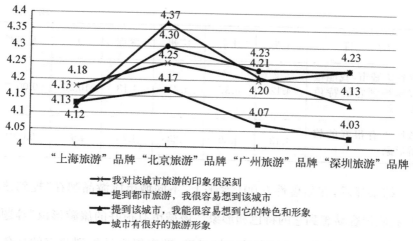

图 5-8 旅游形象感知的现状分析

城市形象与特色刻画于游客的心智中,当提及都市或都市旅游,很难不立刻联想到该城市及其城市特色。北京同样具备类似的城市特征,加之北京是中国数百年来的政治中心,城市底蕴更加丰富,城市形象更加饱满,游客对北京旅游形象 4 个题项的评分也相对其他城市更高。可以说,4 个城市的旅游形象因城市本身的发展和所取得的成就更饱满立体。目的地城市旅游的发展有赖于城市整体的发展,同时城市旅游的发展又将进一步释放、扩大城市整体发展效应。

进一步利用单因素方差分析对不同城市旅游品牌的形象感知做差异分析。见表 5-11。

表 5-11 不同城市旅游品牌的形象感知差异分析

项　　目	上海	北京	广州	深圳	F	显著性
我对该城市旅游印象很深刻	4.18	4.25	4.20	4.23	0.96	0.41
提到都市旅游,我很容易想到该城市	4.13	4.17	4.07	4.03	2.24	0.08

续　表

项　　目	上海	北京	广州	深圳	F	显著性
提到该城市,我能很容易想到它的特色和形象	4.12	4.37	4.21	4.13	10.26	0.00***
该城市有很好的旅游形象	4.13	4.30	4.23	4.23	4.95	0.00**

　　结果显示,在显著性 0.001 水平上,不同城市旅游品牌在"提到该城市,我能很容易想到它的特色和形象""该城市有很好的旅游形象"等题项上均存在显著差异。根据多重比较显示,游客很容易想到北京的特色和形象显著区别于上海、深圳及广州,且游客对北京、广州及深圳的城市旅游形象评价显著高于上海。总体看,四地游客对所到访的城市都有较高的旅游印象,都市旅游的形象和代表性受到游客较一致的认可,即游客基本认知一致,但提及游客联想到城市特色、形象,以及城市很好的旅游形象时,到访上海的游客评价显著低于其他城市的游客评价,即意味着不同城市游客对该城市的情感认知有一定差距。这或许是上海城市旅游的口碑逊于深圳、北京、广东等城市的内在原因之一。

　　(三)城市形象感知的比较分析

　　城市形象感知维度主要由"城市有良好的市容环境""城市有良好的社会和人文环境""城市当地居民对游客十分友善"3 个题项构成。利用轮廓图展示游客评价均值,如图 5-9 所示。

　　结果显示,首先相较于其他城市,"上海旅游"在城市形象各题项的游客评价均略低于其他城市,且均值波动更大。其次,游客对"城市当地居民对游客十分友善"这一表述认可度偏低,无论是纵向或横向比较,均值3.57 明显小于其他题项评价,反观北京、广州及深圳等城市,城市形象各

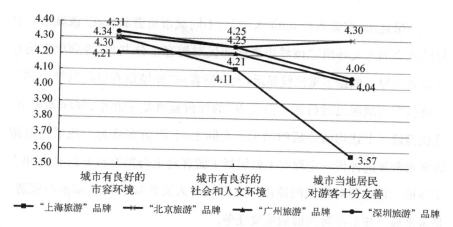

图 5-9 城市形象感知的现状分析

题项得分均维持在 4 分以上,且各题项评分均值无明显波动,游客对城市形象的感知整体积极,城市形象各方面良好。主客互动过程及结果对目的地城市积极形象的树立与良性发展会产生较大影响,从结果看,到访上海的游客与当地居民的互动并不理想,这或许是"上海人排外"这一说法影响了游客的评价判断,但仍需重视。无论是游客偏见或是游客在主客互动的经历中产生的感受,"上海旅游"品牌的发展需要倾听游客的声音,采取措施改善、消除主客互动中存在的误解或消极体验。

进一步利用单因素方差分析对不同城市旅游品牌的城市形象感知做差异分析。见表 5-12。

表 5-12 不同城市的城市形象感知差异分析

项 目	上海	北京	广州	深圳	F	显著性
该城市有良好的市容环境	4.30	4.31	4.21	4.34	2.17	0.09
该城市有良好的社会和人文环境	4.11	4.25	4.21	4.25	4.31	0.01*
该城市当地居民对游客十分友善	3.57	3.91	4.04	4.06	39.23	0.00***

173

结果显示,在显著性 0.05 水平上,不同城市旅游品牌在"该城市有良好的社会和人文环境""该城市当地居民对游客十分友善"等题项上均存在显著差异。根据多重比较显示,上海游客对"该城市有良好的社会和人文环境""当地居民对游客十分友善"的评价显著低于北京、深圳等城市,这也验证了上述均值分析的结果。实际上,上海游客认为当地居民对游客友善程度的评价一定程度上就解释了游客对上海拥有良好的社会和人文环境的评分相对偏低的原因。上海城市人文环境的纠偏和重新塑造,是未来城市旅游品牌发展的重要任务。

（四）旅游要素感知的比较分析

旅游要素感知维度主要由"城市的景区能够很好地满足我的游览需求""城市的宾馆能够很好地满足我的住宿需求""城市能够很好地满足我的休闲娱乐需求"3 个题项构成。利用轮廓图展示游客评价均值,如图 5－10 所示。

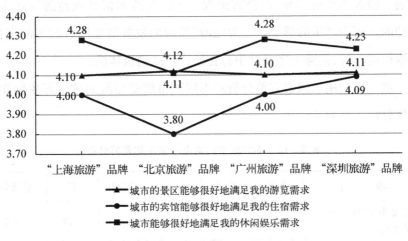

图 5－10　旅游要素感知的现状分析

结果显示,上海城市旅游的景区、宾馆及休闲娱乐等三大要素在迎合游客需求方面的均值分别为 4.10、4.00、4.28,很好地满足了游客的需求,相较于北京、广州、深圳3个城市,其均值处于领先水平。北京在"城市宾馆能够很好地满足我的住宿需求"方面有一定欠缺,这或与当地宾馆住宿的价格、环境、地理位置、供需紧张等因素有关。总体来说,此处城市旅游要素主要考察了景区、宾馆及休闲娱乐设施,这三类要素代表了城市旅游发展的"硬件"标准,上海城市旅游要素的游客评价整体较为乐观,说明上海旅游发展的"硬件"实力不俗。

进一步利用单因素方差分析对不同城市旅游品牌的旅游要素感知做差异分析。见表5-13。

表5-13 不同城市旅游要素感知的差异分析

项 目	上海	北京	广州	深圳	F	显著性
该城市景区能够很好地满足我的游览需求	4.10	4.12	4.12	4.11	0.08	0.97
该城市宾馆能够很好地满足我的住宿需求	4.00	3.80	4.01	4.09	6.71	0.00***
该城市能够很好地满足我的休闲娱乐需求	4.28	4.11	4.16	4.23	5.00	0.00***

结果显示,在显著性0.001水平上,不同城市旅游品牌在"该城市宾馆能够很好地满足我的住宿需求""该城市能够很好地满足我的休闲娱乐需求"等题项上存在显著差异。根据多重比较显示,上海游客对"该城市宾馆能够很好地满足我的住宿需求""该城市能够很好地满足我的休闲娱乐需求"的评价显著高于北京,与广东、深圳游客评价相差无几,说明上海城市的旅游要素供给相对合理,整体迎合旅游者需求。北京游客对城市宾馆迎合自身需求的评价均值为3.80,明显较低,这或受到城市宾馆高昂价格的影响。这值得警醒,"人民城市人民建,人民城市为人民",这是上海近年来城市建设的重要理念。高昂的旅游、休闲费用

或可能影响人们城市旅游的体验价值评价,甚至劝退部分的休闲、旅游行为的发生。

（五）基础设施质量感知的比较分析

基础设施质量感知维度主要由"城市的交通、卫生、网络等基础设施良好""城市的城市标识系统清晰、明确"2个题项构成。利用轮廓图展示游客评价均值,如图5-11所示。

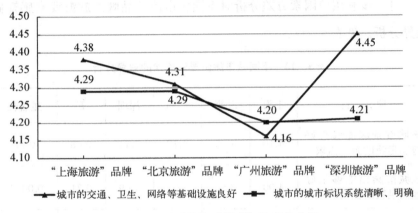

图5-11　基础设施质量感知的现状分析

结果显示,上海的城市基础设施质量均维持在较高的水平,游客评价均值分别为4.38、4.29,与北京、深圳等城市的基础设施质量游客评价基本持平,仅广州的城市基础设施质量在游客评分上略逊于其他城市。总的来说,城市基础设施完善、标识系统清晰等为城市旅游发展、构建积极的城市品牌提供了重要的先决条件。

进一步利用单因素方差分析对不同城市旅游品牌的基础设施感知做差异分析。见表5-14。

结果显示,在显著性0.001水平上,不同城市旅游品牌在"该城市交通、卫生、网络等基础设施良好"题项上存在差异有统计学意义。根据多重比较显示,上海与深圳游客对"该城市交通、卫生、网络等基础设施良

表 5-14 不同城市基础设施质量感知的差异分析

项　　目	上海	北京	广州	深圳	F	显著性
该城市交通、卫生、网络等基础设施良好	4.38	4.31	4.16	4.45	11.28	0.00***
该城市的城市标识系统清晰、明确	4.29	4.29	4.20	4.21	2.15	0.09

好"的评价显著高于北京和广州。实际上,上海游客对基础设施质量感知评价在 4 个城市处于领先水平,结合城市旅游要素感知的分析,不难发现,上海城市旅游的基础设施与旅游服务设施均受到游客高评价,这也是上海城市旅游发展的重要基础和优势。

（六）服务质量感知的比较分析

服务质量感知维度主要由"城市能提供高品质的体验""在城市旅游,我能很好地体验到当地居民的生活状态和社会风情""城市旅游从业人员具有高水平的服务技能""城市旅游从业人员具有热情的服务态度""城市旅游从业人员的服务特色鲜明""城市能提供有效的旅游服务保障"等 6 个题项构成。利用轮廓图展示游客评价均值(为方便展示,轮廓图中的题项表达略有精简),如图 5-12、图 5-13 所示。

结果显示,各城市间横向比较看,与"人"(如当地居民、旅游从业人员等)有关的上海旅游服务质量题项均值均不超过 4,在 4 个城市中处于最低水平。相应地,其他题项的均值水平则保持了较高的水平,与其他城市不分上下。旅游从业者、旅游城市的社区居民、旅游者是目的地城市发展中非常重要的利益相关者,如何协调、管理利益相关者间可能存在的冲突是目的地城市管理的重要课题,这也是上海未来旅游发展需要解决的重要问题。

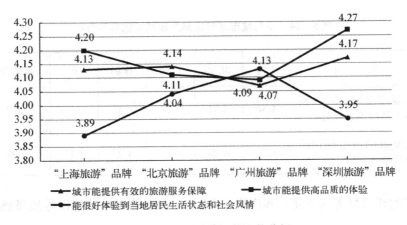

图 5-12 服务质量感知的现状分析(1)

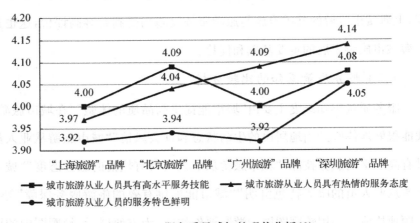

图 5-13 服务质量感知的现状分析(2)

进一步利用单因素方差分析对不同城市旅游品牌的基础设施感知做差异分析。见表 5-15。

表 5-15 不同城市服务质量感知的差异分析

项 目	上海	北京	广州	深圳	F	显著性
该城市能提供有效的旅游服务保障	4.13	4.14	4.07	4.17	0.97	0.41
该城市能提供高品质的体验	4.20	4.11	4.09	4.27	4.18	0.01*

续 表

项 目	上海	北京	广州	深圳	F	显著性
在该城市旅游,我能很好地体验到当地居民的生活状态和社会风情	3.89	4.04	4.13	3.95	7.32	0.00***
该城市旅游从业人员具有高水平的服务技能	4.00	4.09	4.00	4.08	1.45	0.23
该城市旅游从业人员具有热情的服务态度	3.97	4.04	4.09	4.14	4.24	0.01*
该城市旅游从业人员的服务特色鲜明	3.92	3.94	3.92	4.05	2.12	0.10

结果显示,在显著性 0.05 水平上,不同城市旅游品牌在"该城市能提供高品质的体验""在该城市旅游,我能很好地体验到当地居民的生活状态和社会风情""该城市旅游从业人员具有热情的服务态度"等题项上存在显著差异。根据多重比较显示,深圳游客对"该城市能提供高品质的体验"评价显著高于北京与广州,上海以较高的游客评分也显著高于广州。然而,上海游客对"在该城市旅游,我能很好地体验到当地居民的生活状态和社会风情"的评价显著低于北京、广州,对"该城市旅游从业人员具有热情的服务态度"的游客评价显著低于深圳。一方面,上海、深圳等城市主要旅游、休闲场所与当地居民社区空间有较大的位置隔离,部分场所的商业化较为严重,游客很难近距离地、直观地感受到当地居民的生活状态和社会风情。另一方面,游客对从业人员服务态度的评分相对不高也意味着上海城市旅游在"人"的管理上仍有较大的突破空间。

（七）物价水平感知的比较分析

4 个城市的游客对景区价格、住宿价格、餐饮价格及旅游商品价格满意度评价均低于4,说明游客尚不满意,而上海各方面价格的满意度评价均处于末位水平,不超过 3.5。北京诸多著名景点、景区是历史古建筑,多数是重点文物保护建筑或单位,知名度及数量可能远超人工旅游吸引物,其门票价格也较为便宜。因此,北京景区门票价格的合理性受到游客的较高认可,但住宿、餐饮、旅游商品等价格合理性与上海一致,都处于评价的末位水平。北京、上海同时作为中国的经济中心,经济发达、经济发展水平高,这也导致城市各方面物价水平相较于其他城市更高,高消费成为北京、上海等城市旅游的重要特征。如图 5-14 所示。

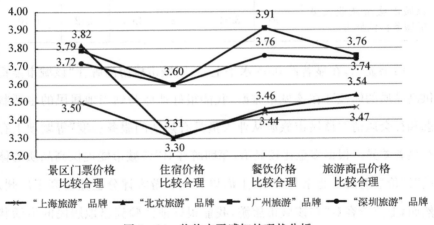

图 5-14　物价水平感知的现状分析

(八) 整体满意度感知的比较分析

整体满意度评价上,游客对上海旅游体验整体满意度均值均超过 4,但与各城市的横向比较看,游客对上海整体满意度各题项的评价均值略低于其他 3 个城市,反之,游客对深圳旅游体验整体满意度评价在 4 个城市中处于相对较高水平。这或与上述游客对住宿、景区、餐饮及旅游商品等价格合理性的满意状况有一定关联。如图 5-15 所示。

进一步利用单因素方差分析对不同城市旅游品牌的满意度感知做差异分析。见表 5-16。

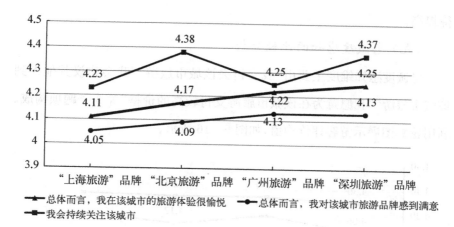

图 5-15 整体满意度感知的现状分析

表 5-16 不同城市满意度感知的差异分析

项 目	上海	北京	广州	深圳	F	显著性
总体而言,我在该城市的旅游体验很愉悦	4.11	4.17	4.22	4.25	4.99	0.00***
总体而言,我对该城市旅游品牌感到满意	4.05	4.09	4.13	4.13	1.39	0.24
我会持续关注该城市	4.23	4.38	4.25	4.37	5.20	0.00***

结果显示,除了在"总体而言,我对该城市旅游品牌感到满意"有较高、较一致的满意度评价,在显著性 0.001 水平上,不同城市旅游品牌在其他 2 个题项上均存在显著差异。首先,上海游客对城市旅游体验的愉悦性显著低于广东和深圳,尽管上海游客的城市旅游体验的愉悦性也在4 分以上,但很显然仍与广州、深圳有统计意义上的显著差距,这或可能是由游客对城市旅游住宿、门票、餐饮、旅游商品等性价比的较差感知所引发的。其次,上海游客对所游览城市的持续关注评价上也显著低于北京、深圳,这说明上海城市的旅游持续吸引力可能相较其他城市仍有

待提高。

（九）忠诚度感知的比较分析

忠诚度感知维度主要由"我会再去该城市旅游""我会建议其他人到该城市旅游""我愿意为在该城市旅游支付较高的价格"等 3 个题项构成。利用轮廓图展示游客评价均值,如图 5-16 所示。

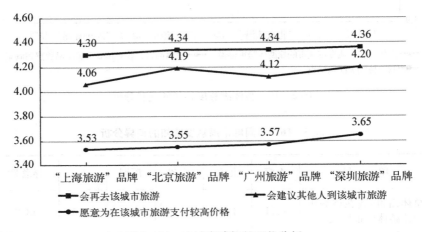

图 5-16　忠诚度感知的现状分析

结果显示,到访各个城市的游客都表达了较高的重游意愿(均值均不低于 4.30),且向他人推荐意愿较为强烈(均值均在 4 以上),但 4 个城市的到访游客普遍对价格较为敏感,对"为在该城市旅游支付较高价格"的态度较为保守。因此,对于近年来部分景区涨价、酒店住宿涨价等商业行为很有可能"劝退"部分潜在旅游者。

进一步利用单因素方差分析对不同城市旅游品牌的忠诚度感知做差异分析。见表 5-17。

结果显示,不同城市旅游品牌均拥有较高、较一致的游客重游意愿,仅在"我会建议其他人到该城市旅游"题项上存在差异有统计学意义,具体表现为,上海游客的推荐意愿显著低于深圳游客。

表 5-17 不同城市忠诚度感知的差异分析

项　　目	上海	北京	广州	深圳	F	显著性
我会再去该城市旅游	4.30	4.34	4.34	4.36	0.81	0.49
我会建议其他人到该城市旅游	4.06	4.19	4.12	4.20	3.50	0.02*
我愿意为在该城市旅游支付较高的价格	3.53	3.55	3.57	3.65	1.29	0.28

第三节 "上海旅游"品牌发展的基础与挑战

通过北上广深 4 个城市旅游品牌的游客感知的比较分析发现,上海城市旅游品牌建设和发展既有优势与良好的基础,同时也面临挑战。

一、发展基础

首先,上海城市的基础条件受到游客的高度认可,包括城市良好的市容环境、城市良好的社会和人文环境、城市良好的交通/卫生/网络等基础设施、城市的城市标识系统清晰明确等,与北京、广州和深圳等城市相比也具备领先地位;其次,城市旅游配套服务设施完善,游客认可度较高,城市的景区、宾馆及休闲娱乐场所较好地满足了消费者需求,游客评价不逊于北京、深圳等城市;最后,上海城市旅游品牌具备一定的形象基础,包括"上海旅游"的知名度很高,提及都市旅游时人们很容易想到上海,城市的社会和人文环境也获得了游客一定的认可;进一步地,上海城市旅游的游客体验方面,游客们一直认为城市给他们提供了较高品质的旅游体验和有效的旅游服务保障,城市从业人员的服务技能、服务特色相对鲜明。因此,游客在上海的城市旅游体验愉悦,整体满意度较高,且保持较高的重游意愿和向他人推荐意愿。

二、面临挑战

第一,尽管上海旅游在 4 个城市中处于知名度的头部地位,广为人知,游客口碑也在均值 4 以上,城市旅游品牌的知名度与美誉度(口碑一定程度上可视为美誉度)并未保持在相对一致的水平上,反而游客评价差距较为悬殊,且统计分析结果显示,上海城市旅游口碑评价显著低于北京、广州及深圳等城市。相反,深圳城市旅游的知名度与口碑的高度评价与评价结果的高一致性成为 4 个城市口碑感知的优秀城市代表。第二,游客对上海城市旅游印象深刻且提及都市旅游容易联想到上海,但进一步具体到游客对城市旅游形象、城市特色的评价则显著不及北京等城市。一定程度上可以总结为,游客对上海城市的旅游形象有较高的认知,但情感认知的评价与北京、深圳、广州有差距。第三,主客互动的体验或成为上海城市旅游品牌建设的"硬伤"。上海游客在"城市当地居民对游客十分友善""城市旅游从业人员具有热情的服务态度""能很好体验到当地居民生活状态和社会风情"等题项上的评价均小于 4,且显著低于其他城市。上海城市旅游对主客互动中"人"的管理有较大的突破空间,尤其是关于如何提升游客主客互动体验的问题,这将在未来成为上海旅游品牌建设的重要课题。最后,与其他城市游客一样,上海游客对价格较为敏感,对景区门票、住宿、餐饮及旅游商品等价格合理性给出了均不超过 3.5 的均值评价,且上海游客对各方面的价格合理性评价显著低于其他城市,高物价、高消费是上海城市旅游的典型特征,其城市经济发展水平决定了这一特征的必然性。

第四节 结论与建议

基于游客感知视角，从城市旅游品牌要素及城市旅游品牌感知等两方面分析上海、北京、广州及深圳等4个城市旅游品牌建设现状。比较分析发现，上海城市旅游品牌建设既有明显的优势，亦有相对突出的短板。基于城市旅游品牌建设存在的问题，本报告提出相应的对策建议，为城市管理者提供参考。

一、主要结论

（一）上海城市旅游品牌建设的优势

第一，上海城市基础设施条件优越，市场反响好，处于4个城市中的领先水平。其中，以市容环境、社会和人文环境、交通/卫生/网络等基础设施、城市标识系统等为代表的城市基础设施条件受到游客的高度评价，与北京城市基础设施的游客评价基本持平，且优于广州和深圳等城市。一直以来，上海以建设卓越全球城市和社会主义现代化国际大都市为目标愿景，对标国际一流标准，城市基础设施建设质量不断提升，从游客感知结果看，卓有成效。优越的硬环境为上海旅游品牌奠定了重要的建设基础。

第二，上海旅游要素合理，迎合市场需求，市场认可度高。上海的景区、宾馆及休闲娱乐场所等旅游要素的市场化配置合理，较好地满足了游客需求，也获得了市场高度认可，游客对此评价较高，与广州、深圳等城市基本持平，且显著高于北京。尽管上海与北京同为中国经济中心，城市经济发展水平高，但北京的城市宾馆似乎没有很好地满足游客的需求，而上海各方面旅游要素市场化配置的合理性均受到游客的高度认可，一定程度上契合了"以人为本"的"人民城市人民建,人民城市为人民"的城市建设理念。

第三,城市旅游品牌建设具备较好的形象建设基础,知名度高。与北京一样,"上海旅游"具备很高市场知名度,游客对其知名度感知高于广州且显著高于深圳。当提及都市旅游时,游客很容易联想到上海,这意味着上海极具都市旅游的代表性。高知名度、都市旅游的代表性城市等形象是上海城市旅游品牌建设的重要基础,后续需要借船下海,进一步识别上海旅游形象及目的地属性、特色,物化展示品牌本体,扩大品牌影响力。

第四,城市旅游体验的品质高,游客旅游体验愉悦感强,整体满意度高,重游意愿及推荐意愿强烈,形成了顾客价值传递的良性循环。上海的休闲娱乐场所迎合旅游者需求,且城市能提供有效的旅游服务保障,因此城市旅游体验的品质受到市场的高度认可。高品质的旅游体验继而引发了愉悦的情感体验,游客的整体满意度高,重游意愿与向他人推荐的意愿均较为强烈,至此则形成了顾客价值传递的良性循环。

（二）上海城市旅游品牌建设的短板

第一,城市旅游品牌要素的市场客观评价差异略小,主观评价差异较大,品牌要素未发挥营销、宣传推广作用,未对市场形成认知、情感及行为意向上连续且正向影响。口号、宣传片、品牌 Logo 等旅游品牌要素的推出是旅游目的地品牌化的开端,它是为了传递目的地形象、塑造目的地品牌、吸引游客而基于战略定位向公众做出的承诺。市场对各城市旅游宣传片的熟悉度差异不大,但旅游口号的市场熟悉度上,上海旅游口号数量较多(北京、广州及深圳仅1个),但均仅有七成左右的调研群体熟悉各旅游口号,旅游口号的市场普及度不及北京、广州及深圳。旅游品牌 Logo的市场熟悉度亦面临类似问题。市场主观评价上,尽管游客认为"上海旅游"品牌宣传口号、宣传片还不错,但并未真正发挥传递目的地特色、形象等作用,因此"宣传口号/Logo 能准确传递城市的旅游资源特色""宣传口号/Logo 能迅速令人回忆起城市旅游特征和形象"等游客评价明显低于北京、深圳。一般来讲,认知是情感产生的基础,认知和情感又构成行为意向的基础。正如此,难以激发游客到访目的地城市的行为意向,因此游客对"Logo 能够激发人去旅游的欲望"题项的评价不及其他 3 个城市。可以说,品牌各要素在游客的认知、情感及行为意向上并未形成积极的、连续性影响。反观"深圳旅游"品牌三要素,则发挥了正确的工具作用,在认知、情感及行为意向上对游客形成了持续、积极的影响,深圳旅游品牌三要素在游客认知、情感和行为意向上的评分均值较高,且均值水平基本一致则非常好地印证这一点。解决这一问题,或要从"上海旅游"品牌三要素顶层设计上入手。

第二,城市旅游的市场口碑评价显著低于北京、广州、深圳,与上海旅游的高知名度有较大差距,对比鲜明。尽管上海旅游具有高知名度,是都市旅游中的代表性城市,且游客口碑保持在均值 4 以上,但比较分析显示,上海城市旅游口碑评价显著低于北京、广州及深圳等城市,且城市旅游品牌的知名度与口碑的均值水平差异明显,对比鲜明。反观北京、广州与深圳,知名度与口碑间的差距愈发小,尤其是深圳,既具备较高旅游知名度和口碑,同时城市知名度与口碑的评价高度吻合。

第三,城市硬环境优势突出,但软环境的竞争力不强,尤其体现在主客互动体验中的情感体验。如上所述,城市基础设施条件良好、旅游要素配置合理,硬环境优势十分突出,但以主客互动体验为代表的城市软环境竞争力较弱,尤其是主客互动体验中的情感体验,游客体验感较差,具体表现为对"城市当地居民对游客十分友善""城市旅游从业人员具有热情的服务态度""能很好体验到当地居民生活状态和社会风情"等题项评价均小于 4,且显著低于其他城市。如何协调、管理目的地城市居民、到访目的地游客、目的地旅游从业人员等利益相关者间可能存在的冲突,提升游客主客互动体验的情感体验,是上海旅游品牌建设的重要课题。

第四,城市旅游形象良好,但市场对上海旅游形象及城市特色认知显著不及北京、深圳。实际上,上海城市旅游品牌已具备"知名度高"和"都市旅游代表性城市"等城市旅游形象的基础性认知,且游客对上海旅游品牌的形象感知评价均不低,但游客对城市特色的认知评价显著不及北京、深圳,结合上述旅游品牌各要素的游客感知评价,有必要通过旅游口号、旅游宣传片及品牌 Logo 强化游客对上海城市形象和特色的认知。

第五,市场价格敏感性较高,游客对价格合理性评价显著低于北京、广州及深圳。均值水平显示,与其他城市游客一样,上海游客对价格较敏感,对景区门票、住宿、餐饮及旅游商品等价格合理性给出了均不超过 3.5 的均值评价,且上海游客对各方面的价格合理性评价均显著低于其他城市,高物价、高消费是上海城市旅游的典型特征,其城市经济发展水平决定了这一特征的必然性。但也要警惕部分景区、酒店等商家刻意的涨价行为,很容易"劝退"价格敏感型的潜在旅游者。

二、对策建议

第一,基于口号、宣传片及 Logo 进行上海城市旅游品牌再开发。有必要围绕旅游口号、旅游宣传片及品牌 Logo 开展城市旅游品牌再开发工作,现有多个城市旅游口号,但各口号的市场熟悉度不高,有必要结合上海的地理文脉、历史渊源等地方独特性,重新设计并提炼出 1 个城市宣传口号,宣传口号过多反而造成市场认知的模糊。后续上海城市旅游品牌建设过程中,需要针对上海目前城市形象现状、市场态势、资源禀赋以及以往的品牌要素开发情况及评估等进行情境分析,随后可以征求目的地政府、旅游企业、社区居民及旅游者等目的地重要利益相关者对未来品牌建设的看法和意见,并从中提炼出城市最为独有的特征或属性,最终据此开发目的地品牌本体,向市场推出旅游目的地品牌和动态监测品牌的运行情况。需要注意的是,反观深圳旅游品牌要素的建设情况与市场感知结果看,旅游口号、品牌 Logo 及旅游宣传片作为品牌三要素,既相互独立又紧密关联,三要素在设计和呈现上需注重一致性,否则难以发挥有效持续且效应叠加的品牌要素影响力。

第二,强化旅游目的地品牌的营销宣传。目前,城市旅游形象的市场评价与城市旅游知名度虽保持了较高的水平,但并不意味着无需做城市旅游品牌的营销推广。尤其是当下市场对上海的城市形象和特色认知较为模糊,需要利用城市旅游品牌再开发的品牌要素,加大宣传口号、宣传片及品牌 Logo 的投放力度,持续地传达与上海紧密相关的、对难忘的旅游体验的期待,强调、强化旅游者与旅游目的地之间的情感联系,这将有助于清晰化市场对城市旅游形象和特点的认知,创建积极影响消费者的旅游目的地形象,真正实现在形成目的地认知、怀有目的地体验期待的基础上激发人们前往上海旅游的行为意愿。

第三,深入调研并厘清主客互动过程及主客互动体验形成机制,以便提出针对性改进措施。城市旅游的软环境建设相对短板,其中以主客互动体验中的情感体验尤甚。需要营造良好主客交往的氛围,但如何营造氛围?主客互动体验的情感体验不理想是由于居民、旅游从业人员态度导致,还是旅游者对上海本地人文环境的偏见导致?因此,有必要面向不同利益相关者作深入调研,倾听并了解各方声音,理解当地居民、旅游从业人员对待旅游业、旅游者的态度,了解旅游者对上海人文环境的实际认知情况,厘清主客互动过程、结果及主客互动的形成机制,以便掌握主客交往、互动不理想的深层原因,进而给出具有针对性的改进措施或方案。需要指出的是,营造良好的主客交往氛围不能简单由居民和旅游从业人员态度的改善达成,应将保障本地居民利益作为首位,这包括经济收益的保障、居民社区生活空间的保护、城市休闲空间的主客共享权利保障等。

第四,利用大数据精准捕捉消费者需求和市场变化,针对不同需求群体做产品推荐。聚焦文旅领域,省市联动、政企协同市场化运作,刺激消费,撬动文旅消费增长。近年来,受疫情影响,整个社会经济发展相对低迷。伴随疫情政策放开,人们在保持较高出游热情的同时也对旅游消费价格较为敏感。目前,上海正处在全面推进城市数字化转型阶段,利用大数据精准捕捉消费者在景区门票、餐饮、旅游商品、住宿等方面的价格需求,并依据商用算法做合理性推荐。通过省市联动、政企协同方式,聚焦文旅消费发放消费券和促消费补贴。对于组织来沪过夜游的旅行社,可以按照每人每夜一定的标准给予旅行社奖励,激发旅行社创业活力。让惠于民于企的同时,撬动地区消费增长。

参考文献:

[1] BOO S, BUSSER J, BALOGLU S. A model of customer-based brand equity and its application to multiple Destinations[J]. Tourism Management,2009,30:219 -231.

[2] 徐尤龙,钟晖,田里.基于 IPA 法的旅游目的地形象测量与问题诊断——以昆明市为例[J].北京第二外国语学院学报,2015,37(7):64—69.

[3] 夏媛媛.基于游客视角的景区品牌资产模型构建[D].南昌:江西师范大学,2017.

第六章 探讨好客形象打造
助力城市品牌建设

——基于游客感知的上海好客度提升思考

第一节 研 究 背 景

2023 年是"十四五"规划开局的关键一年,而旅游业高质量发展是其中重要一环。近年来,旅游已经从人们生活中的"选择性"消费,向生活中不可或缺的"要素型"消费转变。伴随这一转变,旅游目的地城市品牌建设显得愈发重要。目前,具备较高硬环境条件的一线城市已成为主要旅游目的地,而软环境作为无形的旅游资源,正在逐渐成为城市旅游发展过程中形成"比较优势"的关键所在,而城市好客度则是其中不可或缺的重要组成部分。所谓城市好客度,是指一座城市对待外来游客热情友好的程度。

从近年来上海旅游发展的现状来看,旅游体验的强弱、服务质量的优劣已经成为旅游市场的关注重点。游客不再满足于扮演传统意义上的旁观者的角色,而是更加注重市场自我意识的觉醒,关注在旅游目的地停留期间能否与当地居民进行平等交流与和善沟通,并能够得到他人的尊重和认可。以上事实已经成为当下旅游市场影响游客评价城市好客度的重要内容。

2023 年 11 月 29 日,习近平总书记在上海考察时指出,"城市不仅要有高度,更要有温度"。虽然这是中央对上海城市整体发展提出的指导方针,但是对旅游发展而言,同样具有重要的指导作用。从一定程度上讲,城市的温度与好客度紧密相连,温度越高,好客度亦随之提升。而城市好客度的提升,有利于增强游客的满意度、体验感和黏性,激发口碑效应,从而为上海旅游业注入持续不断的市场活力。从不久前发布的《"上海旅游"品牌发展指数研究报告(2023)》①可以看出,上海作为旅游目的地所具备的硬环境优势十分显著,但软环境建设过程中存在的问题也逐步显现。特别值得注意的是,在研究中发现,"居民友善度"得分率连续2年位居品牌形象维度末位,亟须引起有关方面的高度重视。从一定意义上讲,研究报告所揭示的上海旅游软环境建设中的问题,已成为上海旅游业发展"不平衡、不充分"的痛点与难点,也是"上海旅游"品牌建设需着力紧扣与突破的关键点。

为进一步提升上海旅游的城市"好客度",擦亮"上海旅游"品牌,优化"上海旅游"形象,打磨好引客与留客的"利器",本文通过调查问卷、大数据采集与文本挖掘的方法,对多平台的上海旅游负面情感评价进行剖析,从游客感知的角度深入探究上海好客度不佳的原因,并提出针对性的对策建议,提高游客的情感体验,助力"上海旅游"品牌建设迈向更高水平。

第二节　研究设计

一、研究思路

本章主要通过自然语言处理技术和机器学习算法对数据样本进行

---

① "上海旅游"品牌发展指数研究的评价指标体系由品牌形象、品牌质量、品牌竞争力、品牌传播和品牌忠诚等五个方面指标构成,从多个视角进行全方位综合评价。

文本挖掘,具体包括分词处理、词频统计、热词分析和社会语义网络分析等步骤,从大量文本数据中提取关键信息以分类、聚类,最终将深层关系和逻辑结构进行可视化展现。该方法既能较好地平衡研究者的主观判断和文本语言逻辑的客观性之间的关系,又可以对样本进行更精确的量化处理,使研究结果更具有真实性与参考价值。如图 6-1 所示。

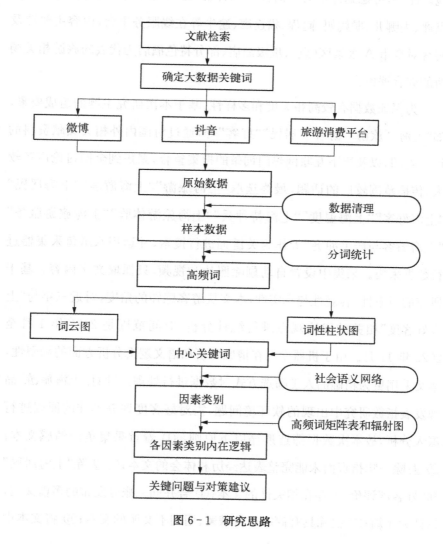

图 6-1 研究思路

二、研究方法

（一）数据收集与处理

本文主要选取微博和抖音作为样本来源。因为微博和抖音是目前国内拥有活跃用户较多的两大平台，也是主要的互联网舆论场和话题发酵地。此外，考虑到样本的全面性和多样性，还有部分样本取自携程、大众点评、去哪儿、驴妈妈、同程、猫途鹰、途牛等在线服务平台，内容主要涉及游客对全市 A 级景区（点）、星级酒店、部分特色酒店为代表的旅游相关场所的综合评价。

为保证数据有较高相关度和多样性，基于本次研究主题的组成要素，如"上海""旅游""游客""居民""好客"等，通过对国内外相关文献资料的检索查阅，以及当下互联网热门词条的搜集整合，聚焦到全网讨论声音较大、传播范围较广的话题，最终选取"上海旅游""上海游客""上海居民""上海好客""上海温度""上海特种兵""上海旅游体验""上海旅游服务""上海游客与居民冲突"等作为关键词进行搜索，并运用八爪鱼采集器进行数据采集。采集中设置自动剔除照片和视频，只抓取文字内容。基于研究的时效性、客观性与真实性，本文从游客感知的角度，对近三年与"上海好客度"相关的舆论观点进行统计分析，时间范围是 2021 年 1 月至 2023 年 11 月。由于机器学习在情感分析和语义逻辑分析方面的局限性，本文采用更为精确的人工筛选方式对数据进行处理。针对"上海旅游"品牌发展指数研究中出现的软环境问题，需对好客度评分不佳的原因进行深入分析，故本次数据筛选遵循以下原则：① 着重采集负面情感文本；② 去除一味指责而未能完整表达经历和体会的文本；③ 去除"上海居民"和"好客度评价"不存在相关性的文本；④ 合并同一账号发布的多篇文案，只计为 1 篇；⑤ 去除具有商家广告嫌疑、用词不文明的文本；⑥ 将文本中直接标明自己是"外来游客""前来旅游"的列为样本,剩余其他文本通过内容判断其是否为目标研究对象。在筛除大量正面及中性情感文本后,最终确定了有效文本共计1 089篇。

（二）文本内容分析

在进行文本分析之前,需参考文本内容,构建自定义词表。将上海主要地名(如南京路、人民广场)、专有名词(如魔都、三件套)等添加到自定义词表,以提高分词的准确性。将与研究主题无关的冠词(如一个、一天)、代词(如这里、今天)、介词(如在、于)、助词(如的、得)、无实义词(如收起、哈哈)等纳入过滤词表,使研究结果更具研究参考意义。对清洗好的文本通过"微词云"平台进行分词、词频统计,生成直观性图表。同时借助Rost CM 6.0对其进行社会网络语义分析,依据出现的中心关键词以及辐射圈内的词语来判断游客产生"上海好客度"负面情感的主要来源,对不同类别的因素分别搭建高频词矩阵表,通过各词之间相关性的紧密程度来剖析因素的内在逻辑结构。

第三节　上海好客度影响因素分析

一、影响因素类别划分

通过对海量数据过滤后保留的1 089篇负面情感文本进行词频统计,得到总词数共有18 022个。删去虚指词汇,并把含义相近的词频次相加合并,如"旅游"与"旅行","迪斯尼"与"迪士尼","上海"与"上海市","很好"与"非常好"等,最后共保留了特征词4 831个。在此基础上,将全部的特征词放入词频统计中,可以看出"上海好客度"感知得分较低,有多种复杂因素导致。出现频率较高的词有"歧视""排外""冷漠""地域""居民"

"游客""北京""深圳""地铁""投诉""司机""阿姨"等。为了能够更有效地进行因素的归类,本文对过滤好的分词结果进行数据挖掘,用 Netdraw 生成社会网络语义的可视化图像。全部样本数据的中心关键词为"本地",第二阶中心词为"外地人""居民"与"旅游",大部分高频词由内围向外辐射。其中比较突出地形成"居民-排外/歧视-外地人"和"旅游-服务"2 个最大的词群,在一定程度上集中反映出"上海好客度"在游客心中所存在的主要问题。如图 6-2 所示。

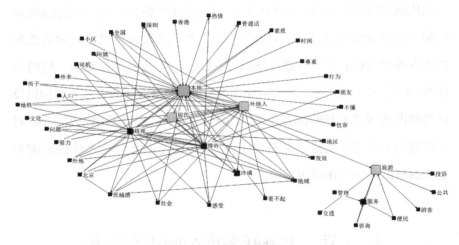

图 6-2　社会网络语义图

在"外地人"与"居民"所构成的向外辐射圈中,与其联系紧密的词汇诸如"排外""歧视"以及"冷漠",均反映了"不友善"的态度和行为倾向。而处于再外围一圈的词汇,如"优越感""社会""感受"和"看不起"等,进一步揭示出游客在旅游活动过程中可能遭遇被冷淡对待的情况。这些词汇共同勾勒出游客在旅游过程中可能面临的社交环境图景,但考虑到大部分并非客观性词语,而是一种主观判断,于是对相关文本的具体内容进行进一步分析,发现有不少游客对上海的负面评价不是基于事件或真实感受,而是存在先入为主的固有印象,尤其是在一些负面新闻的评论区,恶意误传谣言、无端诋毁上海的引流行为时有发生。高频词"投诉""避雨""吃饭""听不懂"则反馈出负面情感产生时所处的特定场景,通常与冲突事件相关,矛盾的激化使得游客对上海的主观偏见再次加深。此外,"服务""交通""游客""公共""投诉""便民""咨询""管理"也处于"旅游"的辐射圈内,这与游客的负面感受相关,可以看出上海在基础配套设施与旅游服务体系上也稍有不足,这些不足同样影响到了游客对于"上海好客度"的评判。

数据中"北京"被频繁提及,意味着游客倾向于将上海与北京进行横向比较。除此之外,还有"香港""深圳""广州"等地。需要指出的是,北京、广州和深圳等城市名称的出现,正好对应了"上海旅游"品牌发展指数研究报告所选取的四大城市"北上广深",也一定程度上表明在城市好客度方面具有比较意义。

综上所述,大体上可以将游客感知到的"上海好客度"影响因素归结为3个类别——游客对上海的固有印象及主观偏见、不充分的居民友好氛围、待完善的旅游服务体系。

二、影响因素的内在逻辑结构剖析

对每条负面情感文本内容进行梳理,以"固有印象""居民""旅游服务"三大方面归类划分①。对不同类别的因素展开内部辐射词关联分析,判断不同因素内在逻辑结构,再依据数据样本库定位到具体文本内容,结合消极情绪所发生的具体场景,对因素进行深层挖掘,找到各个影响因子之间的相关性。

(一)游客对上海的固有印象及主观偏见

第一,脱离事实的"主观偏见"易使游客被误导。在采集过程中发现,

---

① 通过筛选将文本内容明确包含"固有印象""居民""服务"含义的划分至相应类别,内容无法明显匹配类别的暂不归类,所属类别不唯一。

部分评论存在对上海的主观偏见,尤其当涉及冲突事件的讨论时,表现得尤为突出。例如关联图6-3中,"咖啡市"和"沪上阿姨"等称谓,明显带有对上海城市及其居民的讽刺意味。在抖音平台的一个话题♯上海阿姨地铁抢座说不欢迎外地人♯下,频繁出现诸如"咖啡市本地人最排挤外人了"等偏离事件真相的主观言论。尽管这样的本地居民只是少数,但部分网友的以偏概全和夸大其词,使上海好客度的口碑遭到严重破坏,导致部分游客在来沪之前便形成了先入为主的负面印象。这些不准确的信息可能源自主观个人感受或偶发事件,而非普遍存在的客观事实,往往会误导他人对上海好客度的真实情况产生偏见,最终形成不公正的看法。

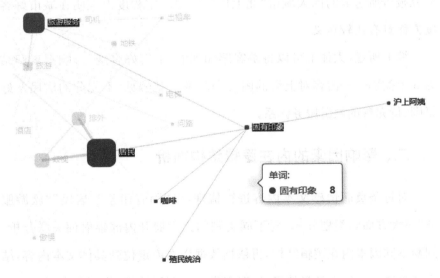

图6-3 固有印象类别内部关联分析

第二,部分话题被歪曲演化成"不实谣言"在互联网恶意传播。如今,各大媒体平台为博取眼球,经常出现带有误导性质的标题,例如♯上海外滩游客进大厦避雨被驱赶♯。原视频中,可以清楚听见保安明确提醒游客不要堵塞进出口(可以站在边上),而非等同于"驱赶"。虽然评论中不乏努力在校正事实的正面发言,但舆论风向已经偏移,有不少网友纷纷开始无端抨击上海缺失"人性化",甚至将北京作为对比,声称"北京天坛下大雨都让游客进去避雨"。这些错误引导、散布谣言、网络暴力等行为,对潜在游客的决策造成了一定影响,同时也使部分游客在旅游体验中过分敏感,导致他们心中的上海好客度大打折扣。虽然互联网的快速发展为信息传播提供了更广泛的平台,但与此同时也带来了谣言、误传和角度片面化的问题,负面信息往往更容易引起社会关注,也正因此很多不良媒体会用对立明显的话题来"炒热度",使得负面更为突出,积极的一面被忽略。

第三,在较好的硬件条件得以满足后,游客会对软性条件抱有"更高期待"。通过深入剖析部分评论内容,不难发现,对于上海等一线城市而言,在硬件基础相当"牢固"的前提下,游客对于情感层面的软环境会提出更为严苛的要求,这充分表明,"好客精神"在上海旅游品牌建设过程中扮演着举足轻重的角色。一旦软性条件稍有欠缺,游客对于"上海好客度"的负面情感便会被无形放大,进而影响到整体旅游体验的评价。因此,提升软性条件、营造温馨宜人的旅游氛围,对于上海旅游业的持续发展具有不可忽视的重要意义。

第四,基于历史因素的"刻板印象"使现今上海多元包容面貌被弱化。部分外地游客认为"上海和香港之所以存在排外歧视外地人的文化,源于历史上的殖民统治",并援引外国人撰写的回忆录为证,坚信歧视外地人的文化在上海早已根深蒂固。这种对上海的片面刻板印象在少数游客心中较难消除,他们未能洞察上海现今的多元与包容,而是拘泥于过去的观念,没有做到与时俱进地更新认知。诚然,上海历史上确实遭受过殖民统治,这或许在一定程度上影响了部分上海人对外来文化的态度,使少数个体对外来影响保持警惕。必须指出,个体与群体的观念千差万别,不能轻易将某种情感简单归因于历史经验。此外,互联网时代信息传播的便捷性也易加深人们对事物的刻板印象,形成信息茧房,这无疑对每个人的思考辨别能力提出了更高的要求。

(二) 不充分的居民友好氛围

在本次数据清理过程中,可以看出"居民"方面的文本占比较大,通过图 6-4 连接线的粗细和节点的大小可以看出,关联度最高的是"歧视""排外""冷漠""傲慢",均与上海本地居民的待客态度相关。再根据"问路""嘲讽""严肃""司机"等检索到具体文本,发现游客在不同场景下表达出了对于上海居民待客行为的消极情绪。例如,外国人求助、打车、问路等,在沟通过程中部分居民表现出了不热心,甚至不友好的行为,事实上影响了外来游客对上海的形象感受。

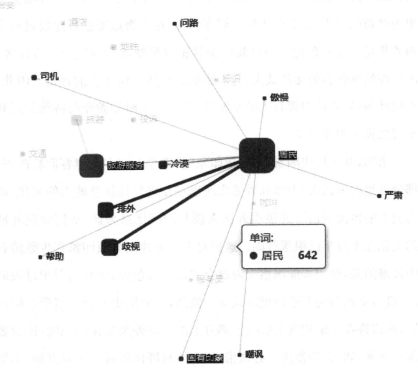

图 6-4 居民类别内部关联分析

当前,游客的旅游需求已不再满足于表面的观光,更趋向于以一位"其中一员"的身份融入目的地的生活(李海娥,2015),深刻感受当地的原真文化,以形成对目的地的认知。而在此过程中,游客与居民的互动变得愈发频繁,居民的友善度逐渐成为塑造游客满意度的关键要素。当游客在与本地人的互动中感受到那份独特的热情和融入感时,他们心境愉悦,对目的地的印象也变得积极而正面;相反,若游客感知到本地人的冷漠与排外,很可能带来不快和失望,导致对目的地产生负面评价。从以上分析可知,"上海旅游"品牌发展指数中"居民友善度"得分较低的原因和部分居民本身的待客态度与行为有密不可分的关系,在主客交往行为发生的过程中游客遭遇不快,从而产生不满意的评价。游客已不再满足于被动观众和旁观者的角色,而是渴望受到友好、热情的对待,并产生积极的、非商业化的主客互动(王宁,2007),本地居民友好度会在很大程度上影响游客的满意度与重游意愿。

（三）待完善的旅游服务体系

在诸多旅游行为的场景中,游客通常最先接触的是旅游服务体系,而非当地居民。这意味着在无法与本地居民建立直接联系的情况下,服务成为游客与本地文化之间的桥梁。旅游服务可细分为公共服务与市场服务2个层面。从图6-5可知,与公共服务相关的词有"地铁""治安""交通""投诉""垃圾""便民""咨询""执法""标识""厕所""电梯"等。锁定到具体文本内容,发现交通便捷性、环境整洁度、安全保障以及公厕等基础设施方面仍有不足,一定程度上使游客对当地的社会环境形成负面印象。此外,景区管理也是公共服务的重要一环,尽管维护秩序是合理且必要的规定,但若园区工作人员未能有效控制情绪,且园区未能妥善处理后续事宜,导致事件在网络上持续发酵,引发大量负面舆情,这同样属于旅游公共服务中的疏漏。至于市场服务方面,连线的词语中包括"出租车""消费""服务员""酒店",说明游客在市场服务中经历的不愉快也较容易影响到他们对城市是否友善好客的判断。具体来说,市场服务的不完善对上海的好客形象造成一定损害,游客所感知的市场口碑会深刻影响城市的整体旅游品牌建设。

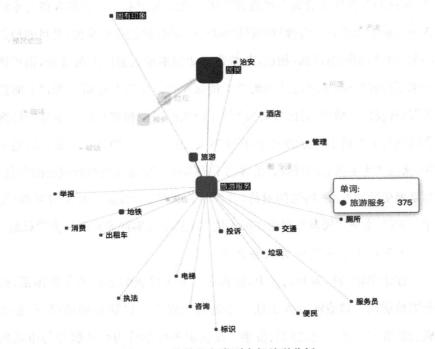

图 6-5　旅游服务类别内部关联分析

宋瑞(2019)认为,对人们文化和旅游需求的满足既需要有针对不同市场群体、遵循价值规律的多元化商业供给,也离不开惠及全民、保障公平、体现公益原则的公共服务体系。公共服务与市场服务两者相辅相成,共同促进旅游业的可持续发展。然而,在旅游业飞速复苏的同时,倘若旅游服务体系建设不够完善,这将与游客对于旅游服务体系与日俱增的需求相矛盾,使得游客对于旅游目的地的欲望有所减少,游客感知的满意度也随之下降。服务的质量不仅仅影响到游客的满意度,更在于其能否传递出一种温馨而真挚的当地待客之道。这样的服务体验,虽然并非直接的居民互动,却能在游客心中埋下对目的地热情好客的美好印象,让他们在陌生城市中感受到一份温暖的归属感,使热度留有"余温"。

第四节　上海好客度提升对策及建议

一、消除固有印象偏见,培育"待客之道"

在当今互联网时代信息传播速度快、范围广,尤其在旅游业发展竞争"内卷"、网友对少数利空舆论的关注度远大于多数正面宣传的情况下,负面的固有印象对于城市好客度的消极影响更加明显,进而破坏整个城市的旅游品牌形象。而假使游客本身就对上海怀有偏见的情况下来旅游,在产品体验过程时,他们往往也会更苛刻和敏感,容易把接触到偶然的失误自动与心中的想法对号入座,归结为"排外"。以上采集的数据已经证明游客和网友对于上海的固有印象与主观偏见存在很多方面的复杂因素,有真实存在的历史问题也有虚无缥缈的谣言谎话,这些问题如果处理不慎极有可能在很短的时间内转变成对城市的硬伤害。因此,引导游客转变对上海好客度的固有印象成为提升游客满意度与忠诚度的关键。

一是加强舆论管控,引导居民保持包容心态。建立完善的舆情监测体系,及时掌握最新动态,对负面不真实的报道进行删除或纠正,并鼓励公众参与舆论监督,一旦出现关于旅游的冲突事件,务必第一时间调查清楚缘由,做好解释工作,确保主旋律在正轨。但同时也要注意把握好度,避免过度管控导致言论自由被压制。同时,个别上海居民对于不实谣言的偏激反驳行为,在互联网上容易被放大和传播,给外地游客造成上海人排外的错误认知。因此,无论是在网上还是实际生活中,应当正确引导上海居民常持包容心态,面对针对上海的抨击,处理方式应是冷静理性分析、耐心消除误会,而非直接愤怒回击。不当的回应可能会进一步损害城市的好客形象,给外界留下更恶劣的印象;相反,通过文明友好的态度与游客近距离接触,则有机会改变那些不利的固有印象,共同塑造上海更加包容、友善的旅游新风尚。

二是传播正面信息,展现上海多元开放形象。上海不仅是一个经济中心,更是一个文化熔炉,它汇聚了来自世界各地的文化与思想,形成了独特而丰富的城市风貌。通过与旅游景点合作举办历史文化讲座、展览等活动,让更多人了解上海近代以来的发展历程,认识到上海作为一个国际化大都市的多元与包容。同时,可以在重要场所设置友好的宣传标语,展示上海的开放性与现代性,并在社交媒体等渠道发布关于上海正面、积极的信息,讲好上海故事,突出好客形象,引导大众做到理性讨论、客观看待历史问题,避免过度渲染历史事实,及时更新自我认知。

三是规范游客行为,避免主客冲突。若游客缺乏基本的礼貌和素质,其不当行为很可能引发当地居民的不满与反感,甚至可能让社会对游客产生排斥情绪。这种情绪一旦形成,不仅加剧了主客之间的隔阂,还可能加深游客对上海的误解与偏见。在分析过程中,发现很多争端本质上是双方缺乏相互了解而造成的误会和怪罪,目的地社会在接待游客时所表现的热情好客需要以游客对本地社会的尊重为基本前提(李天元,2006)。因此,加强对游客的文明引导、强调文化差异与行为准则,是化解偏见、改变印象的一个不可忽视的渠道,可让游客明白文明旅游的重要性,有效减少主客冲突的情况。

二、营造居民友善氛围,展示"迎宾之礼"

通过以上数据得知,上海作为一个城市旅游目的地,其好客度存在的问题部分来源于少数居民的友善度过低,对外来游客造成了精神上的隐形伤害,包括语言上的轻视、态度的歧视以及行为上的冷漠等方面。这与上海旅游市场"近悦远来、主客互享"的发展目标相悖,需采取改进措施。

一是使居民成为旅游业切实的受益者,提升居民的生活幸福感。旅游产业发展是否能让更多人感到幸福,一个重要的衡量标准就是居民是否满意(杨宏浩,2018)。根据上海第七次全国人口普查数据显示,上海外来常住人口高达1 048万,位居全国之首(上海市统计局,2021)。外来者的持续介入会对居民的生活环境与公共资源造成影响,进而使居民对游客的态度也随之变化。若要让居民表现出更高的接纳度,首先要保障本地居民利益,具体包括经济收益的保障、社区生活空间的保护、城市休闲空间的主客共享权利保障等(李天元,2006),通过相关政策,确保居民是旅游业发展的受益者而非受害者。上海的许多"网红打卡点"都在老城区,很多建筑其实都是居民所生活的地方,因此在制定旅游发展规划时,必须考虑当地民众的意见,只有全面考虑他们的利益,才能获得他们对发展的支持,减少执行阻力。同时,对于外地游客来说,本地居民的幸福生活本身就是一个强大的旅游吸引力,应努力将目的地打造成为幸福指数很高的理想家园,使目的地的民生建设与旅游发展有机统一,实现居民的"宜居"与游客的"宜游"有效共融(宋瑞,2023)。成都在"十四五"时期启动"全龄友好包容社会营建工程",以全龄阶段居民的多层次需求为导向,把每个成都人的"幸福"都融入城市发展的大图景,"2023中国最具幸福感城市"中,成都排名首位,旅游业也强劲复苏,游客满意度全国领先(新华网,2023)。

二是广泛开展宣传教育,培养居民的"主人翁"意识。在上述基础打牢后,居民可以充分感知到旅游发展对于个人生活的有利影响,激发其善待外来游客的积极性。通过社会宣传等方式增加居民对当地旅游业的全面了解,提高主人翁意识,在待客过程中做到亲近友善。著名旅游研究专家 Muphy 曾特别强调指出,"如果(旅游目的地)社会能得到有关旅游业更充分的信息,这个产业会更受欢迎"(Philip,2013)。例如世界遗产城市泉州的国家级非物质文化遗产——蟳埔女簪花围装扮习俗迅速出圈,吸引了众多游客前来体验,本地居民文化自信和地方自豪感油然而生,与游客积极互动,并踊跃参与蟳埔花海建设以及传统文化推广活动(孙盼盼,2023)。在国外,浓郁的本地友善氛围一样是极具吸引力的无形旅游资源,例如夏威夷的"阿罗哈"(热情好客)精神所创造的社会氛围,使得外来游客刚到达就开始感受到当地民众的热情友好(李天元,2006)。对于旅游城市来说,形成一个友善好客的社会环境比形成一个良好的自然环境更加困难,上海应当充分渲染好客氛围,积极开展针对居民的宣传工作,让所有居民全面参与到上海好客形象的建设中。一个城市只有具备开放的心态,才能拥有真正的竞争力。

三、完善旅游服务体系,彰显"好客之城"

在大多数旅游行为发生的场景中,与游客直接接触的其实并不是居民,而是代表"本地人"的旅游服务从业者,因此良好的主客交往氛围不能简单依赖于居民,更重要的是旅游服务的改善,其中包含公共服务与市场服务。

一是强化公共服务绩效管理,提高旅游公共服务水平。不仅是上海,目前我国旅游公共服务体系建设实践中存在"重建设,轻效果评价与反馈优化"的问题,造成政府资源无法高效使用(吴文智,2023)。公共服务供给是否有效,关键在落实,而开展绩效评价、规定评估制度是建设高质量旅游公共服务体系的重要保障,可以更有针对性地发现问题,明确未来改进方向,也能起到一定的监督作用。通过绩效管理可以对公共服务供给进行更好地规划、纠偏和修正,并找到可以学习、借鉴的对象。此外,应当加快旅游公共基础设施建设,其中包括优化交通网络、加强安全保障措施、推崇数字化服务创新、设立有效的游客反馈(投诉)渠道、增设公共厕所等便民场所、提供针对入境客源市场的便捷服务等,以及尽可能简化服务流程并安排耐心的工作人员(宋芳秀,2020)。日本各大旅游景区的客服中心会招募外国留学生兼职为游客提供多种语言的免费咨询;为方便中国游客,他们在旅游景点及周边商场提供银联卡、微信、支付宝等电子支付选项(旅业网,2023)。在一些游客较多的公共场所,上海也可安排一些大学生或外来人员兼职担任对客工作,以避免小部分本地工作人员在服务过程中出现情绪排外的情况。

二是提升市场服务质量,建立良好城市口碑。稳定的市场服务对于旅游业的发展至关重要,上海应该重视从业人员文化素质的培养,建设友好的市场消费环境,这样不仅可以让游客在旅途中获得愉快的体验,也能进一步激发游客消费需求,提振市场信心。重庆的旅游市场服务水平值得借鉴,当层出不穷的天价海鲜、天价客栈、游客被打、黑导游事件出现时,重庆让游客"'渝'乐不思归"(中国旅游新闻网,2022)。很多游客表示能清晰地感受到重庆服务素质高,消费环境安全,"去重庆一点都不担心被宰客,唯一怕的是自己吃不了辣!"(搜狐网,2021)。努力提升市场服务质量,让来沪游客放心、安心、舒心,"头回客"就能成为"回头客"。对于消费平台上的低分评价和投诉也应当重点关注,游客可能通过口碑传播向其他潜在游客分享他们的不良体验,会对城市的口碑和形象造成影响。

在上海深化建设高品质世界著名旅游城市、打造国内国际双循环战略链接的背景下,在"上海旅游"品牌发展指数研究报告结果的启发下,本文通过大数据采集和文本挖掘技术深入调研,并厘清主客互动过程及主客互动体验中存在的问题,系统分析了上海主客交往过程中部分游客出现负面情感的深层原因,并结合国内外在好客度方面有突出表现的旅游城市的案例做法提出了针对性改进措施。目前,上海旅游的软环境建设相对短板,在未来尚需以"人民城市""城市温度"为导向,在完善城市好客度和居民友善度方面持续发力,努力营造良好的主客交往的氛围,将都市资源转化为旅游资源,共绘软硬环境比翼双飞新蓝图,加快实现上海建设成更具吸引力的世界著名旅游城市和国际消费中心城市。由于数据采集和处理的过程存在一定的局限性和复杂性,本书研究存在疏漏不足之处,未来还将继续深入探讨。

参考文献:

[1]李海娥.基于游客视角的旅游地主客交往行为研究[J].学习与实践,2015(4):67-73.

[2]王宁.旅游中的互动本真性:好客旅游研究[J].广西民族大学学报(哲学社会科学版),2007(6):18-24.

[3]宋瑞.公共服务体系如何满足文旅融合新需求[N].中国文化报,2019-01-12(7).

[4]李天元,向招明.目的地旅游产品中的好客精神及其培育[J].华侨大学学报(哲学社会科学版),2006(4):66-72.

[5]杨宏浩.让更多民众从旅游发展中获得幸福感[J].中国旅游报告,2018,15(1):20-25.

[6]上海市统计局.上海市第七次全国人口普查主要数据公报(第一号)[EB/OL].(2021-05-18). https://tjj.sh.gov.cn/tjgb/20210517/cc22f48611f24627bc5ee2ae96ca56d4.html

[7]宋瑞.基于城市竞争力提升的休闲和旅游交融互促[J].旅游学刊,2023,38(7):4-6.

[8]新华网."2023中国最具幸福感城市"调查结果发布[EB/OL].(2023-11-24). http://www.news.cn/local/2023-11/24/c_1129992921.htm

[9]PHILIP L P. The relationship between residents and tourists: The research

literature and management directions [C]. Global Tourism,2013：146－166.

［10］孙盼盼,林志斌.数字科技驱动旅游创新发展和居民幸福感提升[J].旅游学刊,
2023,38(6)：6－7.

［11］宋芳秀.中国出入境旅游：特征、问题及对策[J].国际贸易,2020(11)：77－84.

［12］旅业网.出境游大国变入境游大国,日本做对了什么[EB/OL].(2023－12－07).
https：//mp.weixin.qq.com/s/rmvy1BfLbrYfgDZYyLWhmA.

［13］吴文智,唐培,何建民.旅游公共服务体系建设绩效评价——以上海市为例[J].上
海商学院学报,2023,24(2)：106－120.

［14］中国旅游新闻网.重庆：提升旅游服务质量,打造"最宠游客的城市"[EB/OL].
(2022－01－16).https：//travel.cnr.cn/dsyjdt/20220116/t20220116_5257166
54.shtml

［15］搜狐网.中国旅游业口碑最好的城市,服务国际水平,游客表示不怕被宰客[EB/
OL].(2021－07－13).https：//www.sohu.com/a/477113159_121060818

第七章 海派都市情境下上海文旅新消费发展思考

第一节 引 言

一、研究背景与主要内容

我国经济发展迈入新阶段，受消费代际更迭影响，休闲化、体验型新消费爆发式增长，成为文旅经济复苏提质的关键因素。上海既是都市旅游首选地，也是新消费策源地、引领地，有潜力借势新消费浪潮，重塑新常态下城市文旅竞争力，奠定新人群主导下海派都市的气质与未来。本文基于统计数据和市场调研报告，聚焦沉浸社交类、都市探索类、兴趣圈层类等代表性文旅新业态，分析上海在文旅新消费发展中的优势站位及痛点挑战，从"市场提质＋政府引导"两端，深挖海派都市资源潜力，提出将文旅新消费升级打造为新时代海派都市生活方式、进而引领上海文旅新发展的路径举措。

二、概念界定

现阶段消费升级已上升为国家战略议题，《上海市加快经济恢复和重振行动方案》中"促消费"也被提至重要位置。上海正全力建设国际消费中心城市,大力发展各类新消费、新业态成为关键抓手。文旅新消费指与传统文旅消费相对,契合 Z 世代价值主张的体验型文旅场景、产品和业态。以深沉浸互动、强感官体验、高度社群化为主要特征。对向内激活经济复苏内生动力、向外打造青年友好型城市形象具有重要意义。上海文旅新消费市场迭代频率快、细分品类多、跨界融合度高,可按消费动因和体验模式划分为沉浸社交类、都市探索类和兴趣圈层类①,其中较具代表性和增长力的门类如图 7-1 所示,剧本娱乐、都市露营、电竞娱乐等业态近年呈现"井喷式"增长。

图 7-1　上海文旅新消费代表性业态

第二节　新消费第一城:优势站位 VS 痛点挑战

一、引领、策源与集聚:新消费浪潮中的上海站位

凭借海派商业基因、城市气质和生活氛围,上海占据国内文旅新消费先发优势。据统计,2021 年上海文旅新消费规模指数全国第一,呈现体验中心、孵化中心和集聚中心特征[1]。

---

① 本文中三类业态的选取、划分及定义主要基于第一财经、美团、天猫等机构发布的新消费数据报告及相关市场调研报告,并在其基础上归纳提炼而成。其中市场沉浸社交类指不同于传统的被动体验,通过代入式情景、多感官包围、互动型叙事等方式,让消费者瞬时脱离现实环境,浸入电影、游戏或梦境般的情境中,并在这一过程中实现社交互动的新消费业态;都市探索类指依托多样化都市空间,以深度了解城市、探索都市生活方式、享受都市生活场为目的的新消费业态;兴趣圈层类指从电竞、动漫、音乐等兴趣社群和小众圈层中诞生,并逐步走向泛娱乐化的新消费业态。

(一)市场增长引领地

2021年上海居民人均可支配收入达7.8万元,消费力稳居全国首位;根据第一财经报道,上海新消费可塑性指数排名全国第一,对新消费模式具有极高的接纳度和"尝新"热情。超强的消费能力和前沿的消费态度为文旅新消费增长提供了必要基础。据调研,2021年文旅新消费约占上海青年群体假日消费总量的68.5%;"五一"假日订单涨幅高达249%,位列全国第一;客单价约为全国水平的1.4倍。以沉浸社交消费为例,2021年上海以24%的市场份额高居国内榜首,剧本娱乐订单量领跑的同时消费黏性持续稳定增长。文旅新消费成上海新生代消费者"精神刚需"[2-4]。

(二)业态创新策源地

作为国内消费市场动向的前沿窗口,2019—2021年上海引入首店2 408家,其中文旅新业态比重持续增长,呈现业态边界不断打破、商业模式持续创新,与娱乐、休闲、零售业融合重塑的趋势,沉浸+零售、露营+咖啡、艺术+潮牌等"新物种"持续涌现。以武康路—安福路街区为代表的上海商业生态成为文旅新品牌孵化场和业态创新试验场[5]。

(三)资源要素集聚地

一是资本催化,2019—2021年全国新消费投融资事件中上海独占20%,新消费创业密集。二是人才支撑,据调研,上海剧本策划师、电竞顾问等新职业从业人数规模居全国第二(北京之后),平均薪酬全国第一。三是流量带动,小红书、哔哩哔哩、美团等互联网新阵营为上海消费市场积累线上线下良性反馈生态,文旅新业态得以快速扩张[6-7]。

二、从引爆潮流到长期布局:发展挑战与痛点

从引爆短时潮流到积淀长期势能,成为上海文旅发展新名片,构建年

轻、活力、新奇、好玩的海派都市形象,上海文旅新消费市场仍面临挑战。一是品牌力不足,在地文化表达受限。与零售、美妆等有形消费相比,文旅赛道重品类轻品牌特征明显,追求新奇功能形式居多,缺乏与在地文化和消费群体深度结合的品牌认同和价值主张。二是内容创新乏力,内生力量尚未激活。以剧本娱乐为例,产业链上游IP改编和剧本生产能力无法满足下游市场,可扩张、可持续增长的商业模式尚未形成。三是行业标准滞后,监管存在灰色地带。文、商、体、旅跨界破圈使文旅新业态边界越发模糊,监管归口较为困难;露营、市集、电竞娱乐等新业态爆炸式扩张,行业标准缺位引发一定乱象。四是体验层级缺失,市场生态亟待优化。流量红利消退后某些新消费产品暴露出同质化严重、生命周期缩水等问题,长期存续的深度体验项目不足。例如,据统计全球约有258种沉浸社交类消费业态,国内市场仅有其中的34类,仍有较大想象空间[8]。

第三节　市场提质:打造新时代海派都市生活方式

为应对以上问题,立足市场视角,探索从上海最有资源、最有优势的地方出发,深度挖掘价值主张、文化艺术、都市空间等海派都市资源,从品牌内涵、产品内容、场景体验三方面为新消费提供精神滋养和文化动力,将文旅新消费升级打造为新时代海派都市生活方式。推动海派文化在新消费语境中焕发新生。

一、新内涵:培育传播海派价值主张的品牌生态

将海派价值主张深度融入文旅新消费品牌,培育"上海专属""上海限定"新消费IP。第一,聚焦沉浸体验,注入海派生活趣味和城市质感。围

绕摩登优雅、市井世俗、精致细腻等海派特质,着力开发类似"成都偷心""川渝好戏""只有河南"[①]带有明确城市标签的海派沉浸娱乐品牌。第二,聚焦都市探索,传播海派精神品格和价值理念。将上海"码头""源头"文化基因融入城市市集、Citywalk等业态,打造为年轻人提供自由梦想,主打摩登先锋、冒险开拓理念的都市探索消费品牌[②]。第三,聚焦兴趣圈层,挖掘破圈融合跨界共生新内涵。提炼电竞/动漫/音乐IP与海派文化的共性精神内核,探索推出"在地文化+原创IP"跨界品牌,将小众圈层消费力升级为大众对上海城市的价值认同和情感链接[③]。

二、新内容:开发演绎海派文化艺术的产品体系

(一)基于海派文艺作品,建构激发集体情感记忆的内容蓝本

目前全球市场上最受欢迎、最顶尖的沉浸戏剧均以欧美文艺经典为蓝本[④]。借鉴此思路,探索挖掘海派文学、海派电影、海派戏剧、海派动漫等内容"富矿"[⑤],依托海派文艺极强的辐射力和丰富内容光谱,糅合艺术、时尚等潮流元素,创新沉浸戏剧、剧本娱乐产品内容。

(二)依托海派社会场景,提炼趣味好玩、寓教于乐的叙事线索

围绕海派社会风尚、生活场景、沪语方言等要素打造都市探索、沉浸

---

① 《成都偷心》是首部反映成都先锋文化精神的浸没式戏剧;《川渝好戏》是飞猪专为四川、重庆两地打造的定制剧本杀旅游产品;《只有河南》是以中原文化为主题,讲述"土地、粮食、传承"故事的沉浸式艺术剧场。
② 例如伦敦Camden Town街区以朋克摇滚为精神内核打造城市市集品牌,并且在同一IP之下进化出了多个分市集品牌,凭借城市市集成为独具特色的伦敦旅行目的地。
③ 例如腾讯动漫将动漫IP《狐妖小红娘》的爱情内核与杭州"爱情城市"名片结合推出跨界品牌;又如腾讯游戏在游戏IP《地下城与勇士》的基础上深度融合不同城市的在地文化和生活方式,推出"DNF阿拉德市集"。
④ 例如火爆全球的沉浸戏剧"Sleep No More"改编自《麦克白》;纽约时报评选的2012最佳沉浸戏剧"Then She Fell"改编自《爱丽丝梦游仙境》;百老汇沉浸式晚宴剧场"Queen of the Night"改编自莫扎特创作的歌剧《魔笛》。
⑤ 海派文艺作品具有极高知名度,例如《繁花》《长恨歌》《春风沉醉的夜晚》等;海派电影《海上花》《阮玲玉》等也有很高的艺术成就和商业价值;上海也是"国漫"诞生地,孕育了张乐平、丰子恺、贺友直等优秀作家作品。

社交新产品。例如以"海派新潮基因"为主题串联上海丰富的"远东第一"历史场景和各类首店经济新地标，策划古今融合的 Citywalk 产品①。又如以沪语为主题开辟方言文化脱口秀、沉浸式话剧等新市场。

（三）借鉴海派审美情趣，塑造高辨识度深浸入度的感官体验

在文旅新消费场景中充分还原、活化演绎糅合东情西韵的海派美学，植入饮食起居（菜肴/点心）、海派戏剧（沪剧/皮影）、服饰装扮（杂志/月份牌）、娱乐氛围（大世界/城隍庙）等调动"五感"的美学元素，塑造立体式有温度的感官包围。例如通过沉浸美食互动剧传播精巧可爱、淡泊温馨、秀雅清丽的海派饮食取向，活化推广上海文化。

三、新场景：营造激活海派都市空间的在地体验

（一）场景下沉，打造"生活圈＋新消费"特色体验

上海的都市空间环境肌理具有强大的情感力、审美力和疗愈力，是承载文旅新消费的绝佳载体。近年来孕育了如咖啡露营＋徐汇滨江（开放空间）、Prada＋乌中市集（菜场）、卷宗＋沙美大楼（历史建筑）等兼具商业价值和流量热度的场景②。探索依托城市更新，进一步挖掘街巷、公园、滨江、商圈，以及菜场、便利店、地铁站、屋顶等小而美的家门口空间，通过叠加游戏任务、植入交互装置、串联场景线路等方式，建立上海独有的海派生活消费图谱③。培育"生活圈＋都市探索""生活圈＋沉浸社交"等日常化、在地化文旅体验。

---

① 上海拥有中国第一座博物馆、第一座新式剧场、第一座舞厅、第一所女校、第一家电影院、第一家广播电台等。
② 2021 年连锁咖啡 Manner Coffee 依托徐汇滨江开发了集露营、咖啡、宠物元素于一体的消费嘉年华；国际奢侈品牌 Prada 依托乌中市集发起联名快闪活动；英国设计杂志《卷宗》依托外滩地标沙美大楼推出"展览＋零售"快闪店。
③ 目前全球知名沉浸式戏剧公司都在致力于开发更多城市空间，开展生活化的沉浸体验实践。例如纽约地铁 7/N/L 线上的 Subway Play、轮渡航程中的 Ferry Play 以及街边咖啡馆里的 Café Play 等。

（二）技术升级，丰富"实境场＋虚拟界"体验层级

对标全球顶级文旅新消费项目，依托人工智能、算法媒体、动作捕捉、加密艺术、AR/VR 等新技术手段激活城市空间，打造与海派都市"实境场"调性融合的"虚拟界"，提供 ARG（平行实境游戏）、RPG（角色扮演游戏）等高品质、深浸入极致体验。

第四节　政府引导：培育文旅消费复苏"稳压器"和城市形象焕新"主引擎"

综观全国，成都、洛阳等城市已相继出台专门文件支持文旅新消费发展①。上海魔幻繁华的都市气象离不开多层次、多样态消费。因此，探索从政府引导角度，利用文旅新业态跨界融合特征，将文旅新消费打造为"上海文化""上海旅游""上海购物"品牌的重要链接点。

一、完善顶层设计，明确发展导向

（一）统筹宣推，将"小众"新兴消费纳入"大众"城市品牌建设

统筹整合各类文旅新消费资源，构建上海文旅消费新品牌、新产品、新场景矩阵，并纳入城市品牌宣推计划②，为"海派城市考古""建筑可阅读""艺术新空间"等 IP 持续注入新鲜动能。高度重视新消费人群、未来消费势力的兴趣诉求，焕新演绎、深度诠释上海城市品牌和宣推口号，引导市民游客化身"城市玩家"，推动传统食住行游购娱活动与沉浸社交、都市探秘等游

---

① 例如成都于 2022 年 1 月出台《培育文旅消费新业态推动文旅产业创新发展实施方案》提出将培育十大文旅新消费业态，并将培育文旅消费新业态工作纳入建设世界文化名城考核评价体系。
② 例如苏州推出"姑苏八点半"品牌，将全城重要的文旅新消费资源统筹在同一 IP 之下，促使各业态形成合力。

戏化体验结合,展现上海无边界社交场、娱乐场和超级活力都市形象①。

（二）细化研究,完善制定发展指标体系

加强针对新消费圈层社群研究,在引进首店数、本土品牌数、特色商业街区数等现有指标的基础上②,聚焦文旅领域,探索增加例如沉浸式体验活动、沉浸式娱乐空间、特色市集品牌、都市露营地、线下社交消费场景、15分钟青年社交圈等新指标导向。

二、健全时空保障,厚植创新土壤

（一）全面拓展消费时空,增强文旅市场活力

时间方面,支持文旅新业态延时经营,加密集市、快闪等活动频次,并尝试提供低租免租经营优惠,形成全天候高频率文旅消费环境。空间方面,探索联合有关部门,保障文旅新业态模式的土地供给,开放更多城市存量空间与新消费活动结合,鼓励依托滨江绿地、公园广场等场所举办露营消费节、咖啡风尚节、微醺主题夜等节庆活动。

（二）鼓励场景技术创新,提升新业态策源力

支持文旅企业加强新技术在消费场景中的转化应用。支持文旅产业园区、产业社区、科创空间培育和招引一批智能文旅装备、数字文旅技术研发企业,以场景应用为导向构建产学研用深度融合的文旅科技创新体系。鼓励文旅企业依托上海"世界人工智能大会"等资源组建未来文旅场景实验室。加大文旅消费新场景资金扶持。探索实施文旅消费新业态示范项目评选,根据营收规模、场景复制、标准制定、话语引领等绩效目标给

---

① 例如新加坡城市品牌"Passion Made Possible(心想狮城)",从未来十年旅游消费主力人群的兴趣愿望出发,设置了27条个性化"激情游线",包括街头艺术与美食之旅、心跳挑战之旅、新加坡历史骑行、香料苏丹之旅等。
② 2021年上海制定出台《全力打响"上海购物"品牌　加快建设国际消费中心城市三年行动计划(2021—2023年)》,其中列出引进品牌首店数等多项建设国际消费中心城市的关键指标。

予旅游发展专项资金扶持。同时推荐符合条件的项目争取文创、体育、服务业、产业转型等领域专项资金支持。

（三）强化企业人才引育，激发行业内生动力

支持中小微文旅新消费企业成长。探索开展年度上海文旅新消费领军企业评选，招引和培育一批细分业态领域的"瞪羚企业"和"隐形冠军"，将符合条件的文旅新消费企业优先纳入培育企业库。加强创新创业人才培育引进。围绕高精尖技术和高品质场景，引进培育一批具有较强策源能力的文旅消费新业态创新团队。完善适合文创、旅游等产业人才发展政策，推荐示范项目、领军企业管理人员和创新团队核心人员入选人才计划，享受政策扶持。

三、建构"上海标准"，包容审慎监管

（一）持续强化正向价值引导

探索建立文旅消费检测体系，科学研判上海新消费市场潮流动向和发展趋势。以密室剧本杀内容管理为起点，尝试逐步扩大至其他新业态。倡导传递积极向上、乐观自信的价值观念，扶持集中表现海派精神品格、生活氛围和审美趣味的新消费产品。

（二）着力推进标准化发展

围绕都市露营、市集等尚处起步阶段的新业态门类，制定相关管理办法，推动出台行业准入标准规则。规范文旅新消费空间建设运营，完善相关配套服务设施标准，引导市场科学健康发展，形成全球领先的文旅新消费行业、业态和空间等多维度"上海标准"体系。

参考文献：

［１］美团.长三角青年消费大数据报告［R］.2021a.

［２］第一财经×新一线城市研究所.2021时尚消费力指数榜单［R］.2021.

［3］美团.2021实体剧本杀消费洞察报告［R］.2021b.

［4］幻境.2020中国沉浸产业发展白皮书［R］.2020.

［5］中商数据.2021年上海首店经济发展报告［R］.2021.

［6］美团.上海青年五五新消费新职业大数据［R］.2021c.

［7］美团.2020年生活服务业新业态和新职业从业者报告［R］.2020d.

［8］NeXTSCENE.2020全球沉浸式设计产业发展白皮书［R］.2020.

第八章　加码"年轻力"：数字IP赋能文旅发展思考

——上海数字内容产业与文旅融合发展初探

第一节　数字IP赋能文旅发展的背景思考

一、研究目的

随着数字经济发展和消费代际更迭，近年来，以游戏、动漫、影综等数字内容为核心的"年轻向"文旅产品不断出现，为文旅发展注入新的活力。基于此，本文以数字IP与新生代间的天然链接为切入，聚焦游戏电竞、影综动漫、网络文学、网络音频等重点数字内容产业领域，剖析数字IP赋能文旅的底层逻辑，并结合上海优质的数字内容产业基础，针对如何通过数字IP资源赋能城市文旅发展，助力城市"年轻力"建设，提出若干思考和建议。

二、研究背景

数字经济快速发展和文旅融合加快推进的双重背景下，"以数字IP为核心激活文旅年轻力"正在成为当下文旅市场升级的重要看点。

（一）数字 IP 凭借网生基因，掌控年轻态流量入口

最新数据显示，截至 2023 年 6 月，我国网民规模达 10.79 亿人，其中 20～39 岁的群体占比达 34.8%（CNNIC，2023），是当前数字内容消费的主力军。从游戏电竞领域来看，虽然近年来用户年龄结构趋于均衡，但年轻人依然是主流，如国民游戏 IP《三国杀》累计注册用户中，18～30 岁的年轻用户占比超过 83%（杜彬，2023）。从影综动漫领域来看，受众的年轻向特征明显，如 2023 年第一季度"爱芒腾优"上新独播剧观众平均年龄为 29.3～30.5 岁（云合数据，2023）；2022 年，腾讯视频动漫 18～29 岁的年轻用户占比近 70%（谢明宏，2022）；此外，截至 2021 年上半年，超过 75% 的头部综艺观众为 z 世代年轻人（艺恩数据，2021）。从网络文学、网络音频领域来看，年轻化标签更为显著，如阅文集团等网文平台，2022 年新增 95 后用户占比超 60%（新民晚报，2022）；2022 年我国在线音频用户 80、90 后占比达 59%（赛立信，2023）。可见，数字 IP 作为伴随"网生代"成长的产业元素，在链通年轻态流量上有着明显优势。

（二）数字 IP 凭借破圈属性，激活文旅发展新动能

数字内容产业作为新兴文化业态，日趋成熟的过程中，正在破圈释放更多元的社会价值，相关调查显示，六成以上的数字用户认为，当城市文化与数字文化内容结合时，城市影响力和文旅发展力将得到提升（张铮等，2022）。具体到游戏电竞、影综动漫等重点领域来看，相关效应明显。如研究表明流行影视可以平均提升取景地 31% 的游客量，目前愿意跟着影剧综去旅行的 90、00 后占比超过 57%（携程 & 爱奇艺，2023）；另据相关平台数据，42% 的 90 后愿意为追动画、影视剧取景地等开展二次元旅行（马蜂窝，2017），84% 的英雄联盟玩家有意愿前往异地进行电竞旅游（马蜂窝，2019）。可见，新消费时代下，数字 IP 正从文娱产品转变成能为文旅助力的"工具箱"，不断撬动新生代客户群体。

第二节　数字 IP 赋能文旅
发展的经验分析

一、创新传播方式

（一）宏观层面，数字 IP 创新文化触点，撬动新文旅需求

游戏电竞、影综动漫等数字 IP 往往以再创作的方式，打造与新生代人群连接的"传统文化新触点"，培育文化自信的同时，也在激活新的文旅需求。例如，河南卫视通过"中国节日"IP 赋予传统文化现代化表达，引领国潮旅游发展新趋势；米哈游在原创游戏 IP《原神》中融入戏曲、中秋、茶文化、棋戏等中华文化元素，并通过十几种语言在全球同步上线，游戏出海的同时带动"文化出海"，让海外年轻玩家对中国心生向往。

（二）中观层面，数字 IP 加码城市人设，提升城市影响力

数字 IP 作为一种新型文化载体，与城市营销的捆绑逐步深入，正在通过年轻人所喜爱的语言和元素，赋予"城市人设"关注度和新鲜感。例如，新国风动画实景剧《烟火成都》以五代乐伎为主线展现城市浓郁的烟火文化气息和新型消费场景，有效助力"烟火里的幸福成都"城市品牌建设；《火锅英雄》《从你的全世界路过》等影剧 IP，赋予重庆山城更多"魔幻"和"赛博朋克"元素，带来年轻圈层群体对城市关注度、向往度的显著上升。

（三）微观层面，数字 IP 释放种草效应，带火旅行目的地

凭借网生内容表达和粉丝流量基础，数字 IP 也在成为目的地触达受众的新途径，通过植入景区场景、在地文化等方式，引爆旅行地话题与热

度，从而带动流量和留量的双重增长。例如，韩剧《太阳的后裔》带火取景地"沉船湾"和阿拉霍瓦小镇，吸引众多剧迷打卡；动漫 IP《三星堆·荣耀觉醒》的播出，短期内便带动三星堆博物馆游客量同比增长 25％；爆款歌曲《漠河舞厅》发布后带动马蜂窝站内"漠河旅游攻略"搜索热度上涨 166％。

二、迭代运管思路

（一）政府层面，为品牌塑造和产业引导提供新的思路

一方面促使官方下场，利用数字 IP 为城市文旅"固粉"。具体有两类方式：一类是借力数字 IP 延续"长尾"效应，如西安文旅局借网剧《长安十二时辰》热播之际，在全国多地举办同款主题推介活动，进行全域引流；一类是自制数字 IP 收割"专属"流量，如成都市委宣传部打造自有天府文化小游戏"Panda Go 天府文化寻踪"，以游戏方式介绍天府文化。另一方面助力文旅部门，从顶层设计层面引导产业创新。如日本依托风靡全球的动漫 IP，孵化"圣地巡礼"新观光产业；如《山海情》热播后，当地文化旅游广电局启动"文化影视＋旅游"景点计划，推进影视文化旅游小镇等项目建设；再如洛阳市政府借《风起洛阳》播放契机，将打造洛阳影视 IP 上升为地方文旅战略。

（二）市场层面，为产品研发和项目运营提供新的思路

一方面推动文旅企业开发数字 IP 同款产品线路，以数字 IP 聚流效应赋能企业经营。如《长安三万里》上映后，相关企业平台便顺势推出 IP 同款研学线路；再如随着《一起露营吧》《追星星的人》等慢综艺的播出，相关旅拍地和户外旅行小组将综艺露营地作为目的地，用来招揽游客。另一方面推动文旅企业创新与数字 IP 联动的软装项目，有效弥合旅游经营淡旺季差异。数字 IP 既有喜闻乐见的形象设定，又自带圈层流量，能够为

景区、酒店等营造个性化、差异化的文旅活动和场景,从而带来季节性的销售高潮,为平衡淡旺季经营提供思路。

三、焕新业态场景

(一)带热节展赛会旅游

近年来,数字 IP 驱动的节展赛会发展迅速,诸如中国国际动漫游戏博览会——上海漫展(CCG EXPO)、英雄联盟城市英雄争霸赛(LPL)、中国国际网络文学周等大型节展赛会,正在成为拉动城市文旅经济的"重要爆点"。以上海为例,动漫游戏节展带热城市"二次元"主题游,其中 CCG EXPO 2023 吸引观众 17.8 万人次,Bilibili World 2023 迎来超 10 万观众入场,并有效激活二次元主题餐厅、动漫文创等周边消费;再如哈尔滨,则是以"消夏+电竞""冰雪+电竞"的概念,联动电竞 IP 打造品牌赛事,成功激活避暑旅游和冰雪旅游。

(二)焕新文旅体验场景

数字 IP 拥有强大的内容资源,在文旅融合深入推进和场景营造技术升级的背景下,正在成为文旅空间和内容场景"焕新出圈"的重要助力。如豫园联合古风手游《江南百景图》打造"豫里江南·百景游园"沉浸式夏日江南市集,焕新"IP+实景游戏"体验;江西龙虎山在景区内植入动漫 IP《一人之下》同款场景,打造"动漫 IP+旅游"的文旅沉浸式新玩法;开封清明上河园推出《梦华录》同款 IP 实景剧本杀,带给游客沉浸式体验;京杭大运河杭州景区推出《盗墓笔记》汉服体验剧情解密打卡互动,吸引大量书粉、剧粉参与。

(三)衍生 IP 型文旅产品

随着文旅新消费的崛起和沉浸式技术的发展,从市场实践来看,除去赋能城市节展赛会经济和传统文旅内容更新外,越来越多的数字 IP 也在通过特色主题型产品的孵化,"转场"成为新型的文旅 IP。如爆款网剧 IP《风起洛阳》同名线下 VR 剧场落地上海机遇中心,开业 2 个多月即吸引超过 5 000 人次打卡,成为城市新兴的文旅地标,未来还有望进行品牌输出;网文 IP《狼毫小笔》与绍兴柯桥全域旅游深度融合,衍生出"跟着小笔游柯桥"旅游线路、"狼毫小笔·棠棣驿站"剧情民宿、"狼毫小笔桃源里"主题景区等 IP 系列产品,受到游客欢迎。

四、优化产业生态

(一)推动存量资产有效盘活

当下文旅发展正从"增量开发"转入"存量转型"阶段,数字 IP 拥有极强的传播性和内容性,与酒店、景区、博物馆、文创园、综合体等,在营销、体验等诸多环节均可融合,将会为文旅存量资产的盘活创造新的可能。如湖南卫视《乡村合伙人》通过综艺传播,为 26 个村庄接入景区、开发商和电商平台等资源,带动百个村的经济创收和数百万村民就业,有效激活乡村文旅和产业资源;再如被摘牌的前 4A 景区唐昌首镇,以"本土二次元 IP+文旅"融合的思路,依托国漫 IP《狐妖小红娘》改头换面,以国漫主题景区的方式重新回归,吸引各地游客前来打卡。

(二)促进多元投资格局构建

随着数字 IP 在文旅传播、文旅消费领域的"转场"价值显现,"+文旅"成为数字内容产业主体拓展新赛道的重要选择,异业资本的进入,将撬动多元市场格局,为文旅韧性发展提供助力。如爱奇艺、腾讯、咏声动漫、漫友、奥飞娱乐、阅文集团等知名数字内容企业纷纷试水"文旅赛道",其中爱奇艺围绕洛阳 IP 推出"一鱼十二吃"商业模式,进军餐饮、舞台剧、沉浸式演艺等泛文旅领域;漫友则聚焦动漫游戏展览业,构建涵盖国际漫画节、动漫金龙奖、动漫游戏展等在内的"节展奖"文旅融合模式;上海阅文早在 2021 年便注资小黑探,并在小黑探持股 10％,开始布局密室剧本杀赛道。

第三节　数字 IP 赋能文旅
发展的上海启示

作为创新高地,上海数字经济水平稳居全国前列,数字内容产业发展优势明显。如数据显示,2022 年上海网络游戏收入达 1 280 亿元,聚集腾讯、米哈游等游戏企业,拥有《原神》《明日方舟》等头部自研游戏 IP(伽马数据,2023);2022 年上海电子竞技产业规模达 296.8 亿,拥有电竞大师赛等本土赛事品牌,2023 上半年国内 32.3％的线下电竞赛事落地上海;2022 年上海网络文艺作品总量显著增长,诞生了《星汉灿烂·月升沧海》《千里江山图》《我们的歌》等爆款影剧综作品;与此同时,早在 2020 年上海动漫产业规模就已达到 200 亿元,动漫会展服务能力稳居全国前列(人民资讯,2021);此外,2022 年上海市民综合数字阅读率达 96.83％(澎湃新闻,2023),其中落地上海的阅文集团月付费用户达 1 020 万,《庆余年》《全职高手》等网文 IP 影响巨大。

为此,本文立足数字 IP 赋能文旅的经验逻辑,从上海数字内容产业基底出发,结合城市文旅发展定位和消费形态更迭,提出若干思考和对策,以期助力上海文旅拥抱"新生力",增强"年轻力"。

一、探索数字 IP"文旅出海"赋能计划

在"乐游上海"全媒体矩阵建设的基础上,挖掘上海数字内容产业优势,依托米哈游、阅文等头部数字内容企业,聚焦上海"都市型、综合性、国

际化"特点，将外宣形象、网红地标、海派美学、在地烟火等元素及世界会客厅、建筑可阅读、海派城市考古、来上海看美展、社会大美育等文旅品牌，融入游戏电竞、影综动漫、数字阅读等数字 IP 的内容创作中去，利用数字 IP 跨越国界和链通新生代的优势，展现立体可亲的上海形象，推动"文旅出海"，深耕"国际年轻朋友圈"，助力打造中国入境旅游"第一站"。

二、开展数字 IP"引流破圈"联合营销

官方下场联动文旅企业和数字内容平台，开展深度协作，利用数字 IP 引爆城市和相关目的地热度及话题，带动流量破圈，继而有效赋能城市文旅经济发展。可聚焦契合上海都市文旅气质的数字 IP，以"前置化"思路嫁接文旅开展联合宣发，并联动文旅企业就相关话题热推同款 IP 线路和产品；可深度联动数字内容平台，聚焦上海网红场景、吉祥物、在地文化故事等相关元素，自制数字 IP，以城市主题微短剧、城市地图游戏、旅行综艺等方式，为上海文旅做推介，并可依托自制 IP，在社交平台引发相关话题的讨论和热议。

三、实施数字 IP"文旅产业"焕新工程

结合上海年轻力澎湃的城市特质，聚焦数字内容在激活新文旅方面的作用，制定出台相关产业政策、扶持计划、保障举措，推动数字内容与城市文旅产业深度融合，为上海文旅注入新的发展内核。可依托上海动漫、电竞等数字领域现有的节展赛会资源，深耕溢出效应、联动文旅内容、激活圈层消费，利用数字 IP 领域的节奖展，打造周期性的文旅消费热点；可引导相关数字内容借元宇宙技术、艺术表演等呈现手段，以 IP 同款主题 VR 剧场、光影秀、沉浸式戏剧等方式，植入城市微更新空间、传统景区（点）、商业综合体等多元场景，培育新消费地标；可积极搭建平台，鼓励头部数字内容企业，通过增设文旅业务部门、孵化自有数字 IP 文旅项目品

牌、注资文旅企业等方式,进军文旅赛道,优化城市文旅市场主体结构。

四、推进数字 IP"文旅跨界"人才培养

从产业特性上来看,数字内容产业与文旅的发展融合,某种程度上可以解读为科学技术、文化艺术、旅游等产业形态的聚合,因而对人才的综合性和融合度有着更高的要求。作为国际都市,上海可依托数字人才、跨学科资源及职业人才培养机构集聚的优势,加快推进更为多元的数字文旅人才梯队建设;引导文旅企业和数字内容企业深度联动,以数字 IP 文旅联合开发小组等形式,畅通文旅人才和数字 IP 人才的融合通道;鼓励上海各高校立足产学研结合的思路,联动企业开设数字 IP 文旅融合兴趣营、打造数字 IP 文旅融合创新基地,为多元人才培养提供平台。

五、推进数字 IP"文旅赋能"监管探索

数字 IP 虽然在赋能文旅方面有着惊艳表现,但作为异业资源和内容创作载体,切入文旅赛道,也将给监管归属、内容审核、行业治理等带来新的挑战和风险。上海作为数字内容产业的汇集地和新文旅业态的策源地,在新兴的内容旅游领域已经积累如密室剧本杀备案管理等经验,可借鉴相关做法,以"前置化"的思路,聚焦监管内容、监管职责、监管机制及数字 IP 文旅内容所涉及的价值观、意识形态等关键环节,探索思考"多部门协同+行业标准化自律自治+细颗粒度数字管理"的监管机制,为数字 IP 赋能文旅的深入发展,创造更为健康有序的市场环境。

参考文献:

[1] CNNIC.第 52 次《中国互联网络发展状况统计报告》[EB/OL].(2023-08-28).
   https://www.cnnic.cn/n4/2023/0828/c88-10829.html

〔2〕GameRes 游资网.用户破 4 亿,这个 15 年的 IP 却越来越年轻[EB/OL].(2023-08-21).https：//baijiahao.baidu.com/s? id＝1774806447343639272&wfr＝spider&for＝pc

〔3〕云合.2023 年 Q1 剧集网播表现及用户分析报告[EB/OL].(2023-05-06).https：//www.enlightent.cn/reports.html

〔4〕谢明宏.2 亿人都在看,国漫主流化靠什么? [EB/OL].(2022-12-23).https：//baijiahao.baidu.com/s? id＝1752964845816880163&wfr＝spider&for＝pc

〔5〕江苏省广播电视局.网络综艺：超出预期与落空的一年[EB/OL].(2022-01-07).http：//jsgd.jiangsu.gov.cn/art/2022/1/7/art_69985_10310766.html

〔6〕新民晚报.新增用户六成是 95 后,这家 20 岁的网文平台怎样保持活力? [EB/OL].(2022-06-05).https：//new.qq.com/rain/a/20220605A066FX00

〔7〕赛立信.2023 年中国在线音频市场发展研究报告[EB/OL].(2023-03-30).https：//www.smr.com.cn/index.php/show-15-717.html

〔8〕张铮,温馨,等.数字文化助力智慧城市"城设"打造[J].中国网信,2022(7)：38-42.

〔9〕搜狐网.《中国影视综取景地报告》发布! 携程与爱奇艺带你巡游百部影视综取景地[EB/OL].(2023-01-20).https：//www.sohu.com/a/632730518_332360

〔10〕人民网-旅游频道.扩大旅游攻略优势　马蜂窝自我进化为"新物种"[EB/OL].(2017-12-27).http：//travel.people.com.cn/n1/2017/1227/c41570-29731959.html

〔11〕36 氪.马蜂窝报告：84％英雄联盟玩家有异地电竞旅游意愿[EB/OL].(2019-04-19).https：//baijiahao.baidu.com/s? id＝1631210116232565244&wfr＝spider&for＝pc

〔12〕澎湃新闻.上海游戏产业报告发布：年收入达 1280 亿元,实现逆势增长[EB/OL].(2023-06-19).https：//baijiahao.baidu.com/s? id＝1769132820741259152&wfr＝spider&for＝pc

〔13〕人民资讯.产业规模达 200 亿元! 上海动漫产业交答卷,5G、VR 等高科技整合

IP 成为主力军[EB/OL].(2021－07－15).https：//baijiahao.baidu.com/s?id＝1705338043133232036&wfr＝spider&for＝pc

[14] 澎湃新闻.人均阅读超 13 本,2022 年上海市民阅读状况调查出炉[EB/OL].(2023－04－22).https：//baijiahao.baidu.com/s?id＝1763868128921094594&wfr＝spider&for＝pc